本书系四川省哲学社会科学规划研究青年项目"四川科技型小建设的法律制度完善研究"（SC16C029）的最终成果

经济管理学术文库·管理类

四川科技型小微企业知识产权能力
建设的法律制度完善研究

Research on the Legal System Perfection of Capacity
Building for Intellectual Property of Technology-based
Small and Micro-sized Enterprises in Sichuan

唐仪萱　聂亚平／著

经济管理出版社
ECONOMY & MANAGEMENT PUBLISHING HOUSE

图书在版编目（CIP）数据

四川科技型小微企业知识产权能力建设的法律制度完善研究/唐仪萱，聂亚平著. —北京：经济管理出版社，2019.9
ISBN 978 - 7 - 5096 - 6650 - 0

Ⅰ.①四…　Ⅱ.①唐…②聂…　Ⅲ.①高技术企业—中小企业—知识产权法—研究—四川　Ⅳ.①D927.710.340.4

中国版本图书馆 CIP 数据核字（2019）第 117627 号

组稿编辑：曹　靖
责任编辑：杨国强
责任印制：黄章平
责任校对：董杉珊

出版发行：经济管理出版社
　　　　　（北京市海淀区北蜂窝 8 号中雅大厦 A 座 11 层　100038）
网　　　址：www. E - mp. com. cn
电　　　话：（010）51915602
印　　　刷：北京晨旭印刷厂
经　　　销：新华书店
开　　　本：720mm×1000mm/16
印　　　张：10.5
字　　　数：122 千字
版　　　次：2019 年 9 月第 1 版　　2019 年 9 月第 1 次印刷
书　　　号：ISBN 978 - 7 - 5096 - 6650 - 0
定　　　价：68.00 元

前　言

　　科技型小微企业是科技创新最为活跃和最具潜力的群体。党的十八大报告提出"支持小微企业特别是科技型小微企业发展"。当前，企业技术创新短板严重制约了四川省的经济转型和产业发展。其中，知识产权能力不足是关键瓶颈。在经济新常态下，四川面对新形势、新机遇、新任务，迫切需要在科技型小微企业的科技创新和知识产权工作方面有新理念、新设计、新战略。深入研究科技型小微企业知识产权能力建设问题，在探索其规律的基础上进一步提出相关法律制度完善的对策建议，充分发挥知识产权制度在激励科技型小微企业自主创新、促进其创新成果合理分配方面的关键作用，对于推动四川科技型小微企业提质增效、转型升级具有重大理论和实践价值。

　　本书将规范分析和实证研究相结合，为后续研究提供了丰富的直接依据，为国家和地方立法以及政策制定提供了直观的对比资料。一方面，本书依托第一手实地调研数据，直观展现出四川科技型小微企业知识产权能力建设的现实困境和法律制度障碍。另一方面，本书系统、全面地梳理、评述了四川省内外科技型小微企业知识产权能力建设的相关立法和政策，既涉及成功实施知识产权战略的美国、日本、韩国和德国，也涵盖我国东部发达省份（江苏、广东、山东、河北）以及和四川同处西部的省份（陕西和重庆），充分考虑了对比对象的典型性和与四川省的相似性特点。

本书切中要害，关注实效。提出将知识产权质押融资、企业自主创新税收优惠政策、知识产权交易平台等作为促进科技型小微企业知识产权能力建设的关键支撑点，从企业能动、政府推动、社会联动三个维度，以企业运作、政策保障和社会服务为三个着力点，完善激励机制和保障措施，形成"三向合一"。为国家和地方立法，以及政策制定，提供了可操作的具体路径。此外，本书就知识产权保护"双轨制"对诉讼程序造成的消极影响、科技型小微企业知识产权质押融资的法律困境、知识产权侵权损害赔偿救济不足等司法难点提出的对策，也为法院判案和我国司法改革提供了思路。

目　　录

第一章 四川科技型小微企业的特点

第一节 科技型小微企业

一、小微企业

小微企业包括小型企业和微型企业。[①] 但是，我国现行相关法律法规的相关规定并不明确。2002 年出台的《中华人民共和国中小企业促进法》仅对中小企业的概念作出了笼统规定。国统字〔2011〕75 号文件、工信部联企业〔2011〕300 号文件、《GS46—2015 中华人民共和国工商行政管理行业标准小微企业判定标准》等以企业规模为标准，在小微企业概念的界定上更进一步，但三者对企业规模的界定范围互有重叠。微型、小型、中型则是工信部联企业〔2011〕

[①] 李方毅、郑垂勇：《国外知识产权促进科技型小微企业发展的经验与借鉴》，《科学管理研究》2015 年第 5 期。

300 号文件以企业资产总额、从业人员、营业收入等为标准，并结合不同行业特点对中小企业进行的细分。① 相比之前的法律规定，这一划分的依据标准综合性高，对比度大，已是较大进步。

二、科技型小微企业

科技型小微企业属于小微企业中的一类。何为"科技型"，法律对此没有明确界定。根据国科发火〔2016〕32 号文件，高新技术企业需要同时满足的条件包括成立时间、自主知识产权、属于国家重点支持的高新技术领域、科技人员占比、近三个会计年度研究开发费用总额占同期销售收入总额的比例、近一年高新技术产品（服务）收入占企业同期总收入的比例、企业创新能力等。国科发政〔2017〕115 号文件第 2 条规定，科技型中小企业是指依托一定数量的科技人员从事科学技术研究开发活动，取得自主知识产权并将其转化为高新技术产品或服务，从而实现可持续发展的中小企业。

学界对科技型小微企业进行界定，并展开了积极探讨。有学者将科技型小微企业定义为从事高新技术研究与开发、高技术产品生产与经营的智力密集型企业。② 也有学者将其定义为对研究和开发高新技术、高新产品并对其进行经营管理的知识密集型小型企业的统称。③ 学者们对科技型小微企业概念的具体表述虽有差异，但是在实质内涵上却是大同小异。

本书认为，科技型小微企业是拥有一定数量的科技人员，从事

---

① 《工商总局：全国小型微型企业发展情况报告（摘要）》，http：//www.gov.cn/xinwen/2014－03/31/content_ 2650031.htm，2017 年 7 月 24 日访问。

② 张武军、魏欣亚、任燕：《科技型小微企业知识产权保护研究》，《科技进步与对策》2014 年第 2 期。

③ 冯俊华、王英、张丹阳：《科技型小微企业知识产权战略研究》，《财会通讯》2015 年第 21 期。

科技研发及其成果应用、科技服务等科技活动的智力密集型小微企业。

第一，从行业分布上来看，其主要分布在生物医药、生物工程、电子信息、新能源、新材料等低碳环保的新领域，市场前景广阔。[①]

第二，从企业从业人员上看，受企业规模所限，科技型小微企业的人数少，大多处于 1～100 人间，少数行业人数可能稍多。但出于行业要求，科技型小微企业中科技研发人员占比较大，人员的素质整体高于其他企业。[②]

第三，从所有制结构和资产数额上看，科技型微小企业大多是非公有制企业，再加上自身规模所限，其资产数额一般在几十万到几百万元不等，远不及同类大中型企业。

第四，从企业运作上看，科技型小微企业多由私人出资开办，因而其在实际经营中多采取家族管理运作方式，企业高管人员的任命和更换也多带有家族味道。

三、科技型小微企业的认定标准

继 2015 年江门率先发布全国首个科技型小微企业认定标准江科〔2015〕239 号文件后，2016 年全国不少地方开始了科技型小微企业的认定工作，完成信息入库和服务平台搭建，为科技型小微企业提供全方位政策扶持。例如，赣科发计字〔2016〕44 号、沪科合〔2016〕9 号文件等。其中，沪科合〔2016〕9 号文件除了规定满分100 分的科技活动评分基本指标外，还规定了满分 30 分的科技活动

---

① 冯俊华、王英、张丹阳：《科技型小微企业知识产权战略研究》，《财会通讯》2015 年第 21 期。
② 其中具有高学历的科技人员占职工总数的比例一般不低于 30%，在新材料、信息、微电子、节能环保等知识密集、技术密集领域，科技人员甚至超过 50%。参见张武军、魏欣亚、任燕：《科技型小微企业知识产权保护研究》，《科技进步与对策》2014 年第 2 期。

评分加分指标，具体包括科技创新资本化能力、科技创新全球化能力和科技创新政策协同力。

2017 年 5 月，科技部、财政部、国家税务总局联合发布国科发政〔2017〕115 号文件，该文件将科技型中小企业评价指标设定为科技人员、科技成果、研发投入三项，满分设定为 100 分，将不低于 60 分作为企业综合评价分值的要求，同时要求科技人员指标得分不得为 0 分。

本书认为，为了"精准培育、针对扶持"，充分发挥科技型小微企业在推动技术创新活力和潜力上的优势，我们在认定一个企业是否属于科技型小微企业时，可以结合工信部联企业〔2011〕300 号、国科发政〔2017〕115 号和国科发火〔2016〕32 号文件，从以下几方面进行认定：

（一）企业是小微企业

企业符合工业和信息化部、国家统计局、发展改革委、财政部工信部联企业〔2011〕300 号文件定义的小微企业。

（二）企业的经营范围

企业从事高新技术产品（服务）的研发、生产、经营等科技创新活动；或者从事技术开发、技术转让、创业孵化、知识产权、技术咨询、科技金融、检验检测认证等科技服务活动。

（三）企业的科技成果

企业通过研发、并购等方式，对其主要产品（服务）拥有至少1 项专利、软件著作权、集成电路布图设计专有权、植物新品种权等知识产权，或者掌握专有技术。

（四）企业的科技人力资源

企业具有大学专科以上学历的科技人员占企业当年职工总数的比

例不低于5%，其中研发人员占企业当年职工总数的比例不低于5%。

（五）企业的研发投入

企业上年度的研究开发费用总额占销售收入总额的比例不低于2%，或者企业上年度的研发费用总额占成本费用支出总额的比例不低于10%。

（六）企业的创新产出

企业上年度技术性收入和高新技术产品（服务）的销售收入之和占企业销售总收入的比例不低于30%。

其中第（一）和（二）是"基本准入指标"。第（三）至（六）是"科技创新能力指标"。根据国科发政〔2017〕115号文件第6条至第8条，除非企业符合第8条规定的任一条件，否则企业根据科技型中小企业评价指标进行综合评价所得分值不得低于60分，且科技人员指标得分不得为0分（科技人员数占企业职工总数的比例不足10%的，即0分）。另据第9条，"科技人员"是指企业直接从事研发和相关技术创新活动，以及专门从事上述活动管理和提供直接服务的人员。本书认为，凡符合后四个指标中的任意2个指标的，即可认定为科技型小微企业，如表1-1所示。

表1-1　科技型小微企业的认定标准

基本准入标准	企业类型	符合工信部联企业〔2011〕300号文件定义的小微企业
	经营范围	科技创新或者科技服务
科技创新能力指标	科技成果	至少1项自主知识产权或者专有技术
	科技人力资源	大专以上科技人员占比≥15%，且研发人员占比≥10%
	研发投入	企业上年度的研究开发费用总额占销售收入总额的比例≥2%，或者企业上年度的研发费用总额占成本费用支出总额的比例≥10%
	创新产出	企业上年度技术性收入和高新技术产品（服务）的销售收入之和占企业销售总收入的比例≥30%

第二节　四川小微企业的发展概况

作为"双创"的"主角"，小微企业已发展成为四川支撑增长、扩大就业、促进创新的重要生力军。据第三次全国经济普查数据显示，四川小微企业表现出总量占比大，民营经济成分居多，行业结构较为集中，地区分布不平衡，从业人员吸纳较多，资产规模总量较大等特点。① 与全国整体情况相较，四川小微企业表现出以下特点：

一、四川小微企业在总量占比、从业人员占比和资产占比上均略低于全国水平

据第三次全国经济普查数据显示，截至 2013 年末，四川共有第二产业和第三产业的小微企业法人单位 18.53 万个，占全部企业法人单位 93.1%。全国共有第二产业和第三产业的小微企业法人单位 785 万个，占全部企业法人单位 95.6%；四川小微企业从业人员 483.6 万人，占全部企业法人单位从业人员 43.4%；全国小微企业从业人员 14730.4 万人，占全部企业法人单位从业人员 50.4%；四川小微企业法人单位资产总计 54803.22 亿元，占全部企业法人单位资产总计 28.7%。全国小微企业法人单位资产总计 138.4 万亿元，

---

① 以下有关四川小微企业统计数据均引自《四川省第三次全国经济普查主要数据公报（第一号）》，http：//www.sc.gov.cn/10462/10464/10465/10574/2015/1/22/10324672.shtml，2017 年 7 月 25 日访问；《四川小微企业蓬勃发展》，http：//www.sc.stats.gov.cn/tjxx/tjxx_171/qs/201502/t20150211_178981.html，2017 年 7 月 25 日访问。

占全部企业法人单位资产总计29.6%。

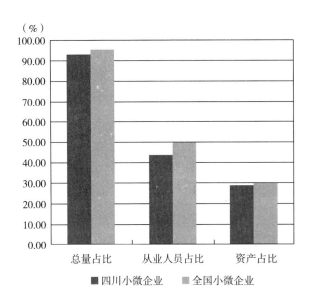

图1-1　四川小微企业与全国小微企业在总量占比、从业人员占比和资产占比上的比较

二、四川小微企业基本表现为内资民营经济成分

第三次全国经济普查数据表明，截至2013年末，四川小微企业法人单位主要以内资民营经济成分为主，内资企业18.40万个，占99.3%，内资企业中，私营企业10.81万个，占小微企业法人单位58.3%；私营有限责任公司5.75个，占31.0%；有限责任公司5.36万个，占28.9%。而国有企业仅有0.29万个，占1.6%。截至2013年末，全国小微企业共计785.0万个，其中内资企业768.1万个，占97.9%，其余为港、澳、台商投资企业和外商投资

企业。内资企业中，私营企业 545.5 万个，占小微企业法人单位 69.5%。[①] 可见，四川小微企业的经济成分基本表现为内资民营性质，其比重高于全国水平。2009 年以来，中央及地方各级政府深入开展促进非公有制经济发展的各项工作，积极鼓励、引导民间资本兴办企业，同时制定大量法律法规等规范性文件提高对小微企业的优惠程度，进而为小微企业的快速增长提供助力。这也从侧面反映出，四川市场经济体系趋于完善，民营经济在此环境下势必蓬勃发展。

三、四川小微企业的行业结构逐步优化

据国家统计局成都调查队对成都新设小微企业及个体户近两年跟踪调查数据显示，2016 年，服务业在成都市消费主导的增长格局中需求强劲，仍是新设小微企业经营发展首选，占比达 88.5%；批发零售业、住宿餐饮业等传统服务行业占比则有所下降，较 2014 年分别下降 4.3% 和 0.7%。在成都大力推进新农村建设、优化发展都市现代农业等政策的引导下，居民服务业、农林牧渔业、制造业、建筑业等重点行业企业占比均有所增加，较 2014 年分别增加 3.7%、1.3%、0.8% 和 0.5%。[②]

四、科技型小微企业占比略低于全国水平

第三次全国经济普查数据表明，截至 2013 年末，从全国和四川全省小微企业行业分布情况看，工业、批发业、零售业在所有行业

---

① 田芬：《小微企业发展状况研究》，《调研世界》2015 年第 9 期。

② 《2016 年成都新设小微企业结构优化减负明显》，http：//scnews. newssc. org/system/20170308/ 000757382. html，2017 年 7 月 25 日访问。

中分列三甲。并且，我国从事这三个行业的小微企业数量共有507.1万家，其中，科技型小微企业数量共计21.3万个，占前者的比例为4.2%；四川省中从事工业、批发业、零售业的小微企业数量为10.96万个，当中，科技型小微企业数量为0.43万个，占前者的比例为3.9%。全国科技型小微企业占各类小型微型企业的比重为2.7%；四川科技型小微企业占全省各类小型微型企业的比重仅为2.3%。科技型小微企业比重越低，越表明小微企业低技术、低附加值的传统发展路径极大降低了其发展活力和创新动力，不利于其作为市场经济最活跃的细胞，持续推动技术创新，实现产业结构转型升级，为四川经济持续稳定增长提供基础动力。2017年上半年，随着全省创新驱动"1号工程"的不断推进，四川科学研究和技术服务业，信息传输、软件和信息技术服务业企业户数占比在不断提升，分别位列第4、5位，同比均提升了1位。①

第三节　四川科技型小微企业的特点

四川科技型小微企业，是指登记在四川行政区域范围内，拥有一定数量的科技人员，从事科技研发及其成果应用、科技服务等科技活动的智力密集型小微企业。四川科技型小微企业具有以下特点：

---

① 《2017年上半年四川省市场主体发展报告》，http://www.scaic.gov.cn/zwgk/xxgk/tjzl/201707/t20170718_ 31291. html，2017年7月29日访问。

一、四川科技型小微企业集中在成都平原城市群，其他城市群科技型小微企业逐步发展

四川的科技型小微企业主要分布在四川经济发达地区，成都、绵阳和德阳的科技型小微企业数量位居前三位。成都作为国家首批小微企业创业创新基地示范城市和国家自主创新示范区，拥有科技型小微企业数量最多。根据第三次经济普查数据显示，成都在 2013 年末的第二、三产业小微企业法人数量为 7.12 万，在所有企业法人单位数量的占比为 92.9%。[①] 2016 年上半年，成都新登记小微企业 120278 户（其中企业 45879 户，个体工商户 74399 户），同比增长 12.58%。[②] 目前没有成都科技型小微企业的统计数据。据成都市科技局统计，截至 2016 年底，成都有科技型企业 5.25 万个。按照前述小微企业占比推算，截至 2016 年底，成都共有科技型小微企业 4.88 万个。截至 2017 年第一季度，绵阳依托丰富的科技资源、强大的创新能力和坚实的产业基础，全市科技型中小企业已达 9775 个。[③]

在成都、绵阳等市着力扶持科技型小微企业发展、贯彻推进"大众创业、万众创新"局面形成之时，四川其他地区也不甘落后，纷纷加大对科技型小微企业的关注度和扶持度，并取得了一系列可喜成绩。南充市政府于 2017 年实施的科技型中小微企业倍增计划便取得了可喜成绩，仅用了 6 个月时间，该市新增科技型中小微企业

数量便已达到 337 户。① 2017 年 2 月，凉山州首次开展州级科技型中小企业认定工作，对企业规模、研究开发活动、技术创新成果等方面的考察，并结合企业所属领域、知识产权、研发投入、人员构成等科技型企业认定的指标，对参与评审的 8 家企业进行综合评定是否属于科技型中小企业。最终 4 户企业被授予"凉山州科技型中小企业"称号，将享受科技型中小企业在风险投资、优惠政策、孵化服务、科技金融等方面的相应福利政策，助推凉山经济转型升级、跨越发展。②

总之，四川科技型小微企业集中分布的成都、绵阳和德阳，均属于成都平原城市群。相对于川南城市群、川东北城市群和攀西城市群，③ 成都平原城市群的经济实力最强，在经济发展水平、经济增长质量、产业结构、三大需求、城镇化水平、城乡居民收入 6 个一级指标的得分上，均排在各大城市群之首，且遥遥领先。④ 成都作为四川第一大城市，其具有影响力大、辐射性强的特点，为四川科技型小微企业的蓬勃发展提供了坚实的基础。为了进一步实现科技和经济的紧密结合，充分发挥科技型小微企业在创新方面对我省经济发展的驱动作用，各城市群应当根据本区域的资源优势、地理区位

---

① 《南充市新增科技型中小微企业 337 户》，http：//www.sc.gov.cn/10462/10464/10465/10595/2017/7/12/10427932. shtml，2017 年 7 月 27 日访问。

② 《凉山州首次开展州级科技型中小企业认定》，http：//www.sc.gov.cn/10462/10464/10465/10595/2017/2/15/10414194. shtml，2017 年 7 月 27 日访问。

③ 成都平原城市群包括成都市、德阳市、绵阳市、眉山市、资阳市以及乐山市主城区、夹江县、峨眉山市和雅安市主城区、名山县等，辖区面积约 5.82 万平方千米。川南城市群包括自贡市、泸州市、内江市、宜宾市，以及乐山市除主城区、夹江县、峨眉山市外的其余城镇，辖区面积约 4.42 万平方千米。川东北城市群包括广元市、遂宁市、南充市、广安市、达州市、巴中市，辖区面积约 8.2 万平方千米，是成渝经济区重要的经济腹地。攀西城市群包括攀枝花市、凉山州以及雅安市除主城区、名山县外的其余城镇，辖区面积约 6.7 万平方千米。

④ 《四川省四大城市群经济实力研究》，http：//www.sc.gov.cn/10462/10464/10465/10574/2014/1/8/10290302. shtml，2017 年 7 月 28 日访问。

和产业专业化特征，加强统筹规划和科学布局，明确本地区科技型小微企业培育的优先领域和技术方向，精准培育、针对扶持。

二、四川科技型小微企业集中在"双创"政策驱动支撑力的强势区域和支柱产业、优势产业

在全省创新驱动战略下，四川科技型小微企业的队伍不断壮大，尤其集中在"双创"政策红利显现的优势区域和各地支柱产业优势产业。成都作为西部科技中心，是创新要素集聚和配置的高地，拥有科技资源富集的创新优势，科技服务业等技术密集型和知识密集型产业得到持续发展。成都产业发展的政策驱动支撑和政府政务环境，为科技型小微企业发展提供了肥沃的土壤。随着成都天府新区直管区、高新区、经开区等"3＋N"工业园区建设的加速，电子信息、汽车制造、食品饮料、装备制造、生物医药五大支柱产业以及轨道交通、航空航天、节能环保、新材料、新能源五大优势产业，成为成都市科技型小微企业的聚集地。电子信息业、节能环保业、科技服务业的小微企业分别在第二、三产业中保持领先的发展态势，[①] 如表 1－2、表 1－3 所示。

表 1－2　2017 年上半年成都市三次产业新登记市场主体分布情况

产业	新登记户数（户）	同比增长（%）
第一产业	3680	56.2
第二产业	10469	52.12
第三产业	203596	44.31

---

① 《成都上半年新登记市场主体同比增长超四成》，http：//scnews. newssc. org/system/20170727/000802589. html，2017 年 7 月 29 日访问。

表 1 - 3　**2017 年上半年成都市重点行业新登记市场主体分布情况**①

重点行业	新登记户数（户）	领先行业	新登记户数（户）
五大支柱产业（电子信息、汽车制造、食品饮料、装备制造、生物医药）	9458	电子信息业	3823
五大优势产业（航空航天、轨道交通、节能环保、新材料、新能源）	2007	节能环保业	1040
科技服务业	6157		

　　近年，绵阳"一城三区"② 得到快速发展，实现了大批科技型小微企业集群集聚式发展。据绵阳科技型中小企业网统计数据显示，③ 截至 2017 年 7 月 29 日，绵阳已认定科技型中小企业 9288 个，包括高新技术企业 131 个。从区域分布情况看，全市科技型中小企业主要集中在高新区、科创区、涪城区、江油市、游仙区和经开区这些"双创"政策驱动支撑力的强势区域。其中，高新区有科技型中小企业 1733 个，科创区有科技型中小企业 1379 个，涪城区有科技型中小企业 1280 个，江油市有科技型中小企业 1243 个，游仙区有科技型中小企业 1084 个，经开区有科技型中小企业 958 个。从行业分布情况看，电子信息业科技型中小企业有 3712 个，现代农业科技型中小企业有 1120 个，先进制造业科技型中小企业有 956 个，生物医药业科技型中小企业有 743 个，现代服务业科技型中小企业有 592 个，新材料业科技型中小企业有 488 个，新能源与节能技术业科技型中小企业有 331 个，资源与环境业科技型中小企业有 303 个，

---

　　① 《成都上半年新登记市场主体同比增长超四成》，http：//scnews. newssc. org/system/20170727/000802589. html，2017 年 7 月 29 日访问。

　　② 一城：科技城（城中心）；三区：科教创新区（科教创业园区、西南科技大学、教育园区及"三新城"），城西新区（高新区为主），城南新区（经开区为主，包括塘汛片区、农科区片区、游仙区五里梁片区）。

　　③ http：//www. mykjqy. com/，访问时间为 2017 年 7 月 29 日。

如图 1 - 2、图 1 - 3 所示。

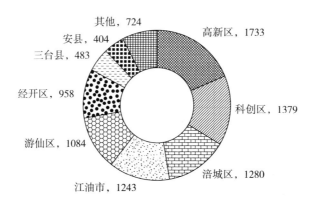

图 1 - 2　绵阳市科技型中小企业区域分布情况

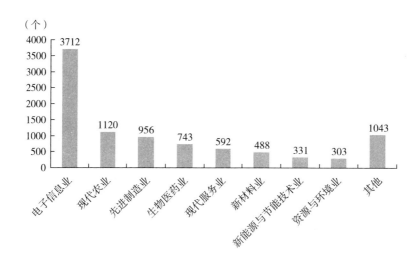

图 1 - 3　绵阳市科技型中小企业产业分布情况

　　总之，随着四川高新技术产业开发区、科技企业孵化器等服务平台的不断发展和完善，集群发展成为四川科技型小微企业的主要发展模式。

三、科技服务业是我省小微企业的重点培育领域

四川的科技创新驱动力不强：2012 年，四川主营业务收入中大中型企业平均研发投入占比为 0.61%，远低于 1.16% 的全国水平。[①] 加大力度推进四川省科技服务业的发展，是保障四川省经济实现长期可持续性健康发展的必经途径。[②] 科技服务业以科学技术、专业知识为依托，以科技创新全链条为服务对象，从而实现对现代产业体系整体的服务。发展基础好、发展条件足、发展潜力大是四川科技服务业的三大优势：四川拥有各类科技活动机构 1650 个，科技活动人员 33.1 万人，拥有国家现代服务业基地 5 个。2013 年全省科技服务业规模超过 2000 亿元。[③] 四川省政府办公厅于 2014 年出台的《四川省科技服务业发展工作推进方案》将信息资源、研发设计、科技中介等作为重点，设置了在 2020 年实现科技服务产业体系基本覆盖科技创新全链条的目标。[④] 推进科技服务业创新发展平台建设，培育孵化一大批科技服务业小微企业进行专业化研发。在"双创"政策扶持和战略驱动下，2017 年上半年，四川外商企业在科学研究和技术服务业中新增 52 户，同比提升 2.41 个百分点，位于行业第 4 位。[⑤]

[①] 梁现瑞、曾小清：《一箭双雕五张"路线图"补齐发展短板》，《四川日报》，2014 年 10 月 14 日，第 4 版。

[②] 李佳雯：《服务业成为稳增长重要动力》，《四川日报》，2014 年 7 月 29 日，第 1 版。

[③] 科技部：《四川强力推进科技服务业发展》，《四川科技报》，2014 年 11 月 5 日，第 2 版。

[④] 曾小清：《五大高端成长型产业五大新兴先导型服务业"施工图"出炉》，《四川日报》，2014 年 10 月 14 日，第 1 版。

[⑤]《2017 年上半年四川省市场主体发展报告》，http://www.scaic.gov.cn/zwgk/xxgk/tjzl/201707/t20170718_31291.html，2017 年 7 月 29 日访问。

第二章　四川科技型小微企业知识产权能力建设的相关立法和政策沿革

　　企业的知识产权能力包括企业的知识产权创造能力、知识产权运用能力、知识产权管理能力和知识产权保护能力四个方面。知识产权创造能力，是指企业依靠科技创新形成的核心技术，形成具有自主知识产权的产品或者服务的能力；知识产权运用能力，是指企业充分利用知识产权市场价值和竞争优势，将其广泛转化为现实生产力、核心竞争力、文化软实力的能力；知识产权管理能力，是指企业通过策划、实施、检查、改进等活动，建立符合自身发展需求和发展特色的科学的知识产权管理体系，形成企业知识产权战略，提升竞争优势的能力；知识产权保护能力，是指企业对自主知识产权的风险防范和纠纷应对能力。

　　知识产权能力建设对处于成长期的科技型小微企业尤为重要。中央和四川地方都为提升科技型小微企业知识产权能力提供了强大的制度和政策支持。①

---

　　① 张月花、薛平智、储有捷：《科技型小微企业知识产权能力建设研究》，《科技进步与对策》2013 年第 18 期。

第一节 我国相关立法和政策性、 规范性文件的现状

我国现有与知识产权相关的法律主要有《专利法》《商标法》《著作权法》《物权法》《担保法》《科学技术进步法》《中小企业促进法》《中华人民共和国促进科技成果转化法》，相关行政法规主要是《中华人民共和国知识产权海关保护条例》（国务院令第 572 号）。

为了将以上法律、行政法规具体内容落到实处，国务院相继制定了一系列配套的规范性文件，如国发〔2008〕18 号、国发〔2015〕71 号、国发〔2017〕37 号文件、国办发〔2013〕87 号、国办发〔2014〕64 号、国办发〔2016〕25 号文件等。与此呼应，地方上也出台了一批保障小微企业知识产权能力建设的规范性文件，在支持我国企业知识产权能力建设方面发挥着积极的作用。

国发〔2008〕18 号文件设立了到 2020 年，将我国建设成知识产权创造、运用、保护和管理水平较高国家的总体战略目标。为达此目的，我国对科技型小微企业的知识产权能力建设主要从创造、运用、保护、管理四个方面进行了相应扶持。

一、知识产权创造能力：加大资金投入，落实优惠政策，鼓励各地采取"产学研"模式

为达到 2020 年我国知识产权创造水平显著提高的战略目标，我

国重点为小微企业的创造研发从资金方面给予支持。国办发〔2013〕87号文件提出了小微企业融资贷款"两个不低于"目标①，同时，该规定还明确了提高新增信贷中小微企业贷款的占有比例。要求以再贴现、再贷款和差别准备金作为手段保障贷款融资中小微企业数额的平稳增长。同时，着力发展产业链、商业圈和企业群三大融资，大力发展动产质押、订单质押等抵质押担保业务以提升小微企业贷款成功率。提倡保险行业从业主体为小微企业以基金、企业股权、债权等方式提供发展资金。而2016年中央决议中也继续规定了中小企业发展专项资金、国家中小企业发展基金、国家新兴产业创业投资等以加速小微企业创新等能力的发展。

优惠政策方面，我国一方面加大对小微企业的行政性费用等的降费力度，另一方面持续推进落实税收优惠政策，合力减轻小微企业的税费等负担。第十二届全国人民代表大会第四次会议决定加大降费力度。不仅规定扩大小型微利企业所得税、固定资产加速折旧优惠政策范围，还针对小微企业实施了免征42项行政事业性收费，取消或暂停征收57项中央级行政事业性收费的政策。第十二届全国人民代表大会第五次会议通过了扩大减半征收企业所得税的小微企业范围的决定，并将年应纳税所得额修改为50万元以替代原本的30万元。科技型中小企业研发费用加计扣除比例也变为75%用以替代原来规定的50%，从而进一步扩大了对小微企业的税收优惠政策。

在给予小微企业财税扶持和资金支持的同时，国家还鼓励企业跟科研院所、高等院校等进行合作，以"产学研"模式支持小微企业进行科技研发创造，进而进一步提升这些科技型小微企业的知识

---

① "两个不低于"目标内容为：在确保风险可以控制的前提下，确保小微企业贷款增速不低于各项贷款平均水平、增量不低于上年同期水平。

产权创造水平。

二、知识产权运用能力：强力支持转化，促进知识产权创造产出，着力提升企业知识产权运用能力

为了进一步提升科技型小微企业专利的实施率和产业化率，推动知识产权有效运用，实现技术升级和产业转型，为进一步提升小微企业的知识产权运用能力，国务院各部门不断完善并落实科技型小微企业相关的扶持政策。①

国务院各部门着力解决知识产权转化中的难题，健全知识产权成果转移转化市场。我国知识产权局与财政部等六部门联合出台了旨在推动知识产权质押融资发展的《关于加强知识产权质押融资与评估管理支持中小企业发展的通知》。中国资产评估协会则制定了旨在推进相关评估准则建设工作的中评协〔2011〕228 号文件。科技部发布的国科发高〔2015〕3 号文件规定提升中小企业知识产权和标准等服务，同时规定以知识产权对外转让审批办法的起草为手段，强化我国知识产权对外转让管理。

此外，鼓励科技型小微企业进行海外市场拓展也是助力成果转化的法宝之一。国知发管字〔2014〕57 号文件更明确了以名额、费用等的适当倾斜为小微企业在海外展览展销自身知识产权项目和成果提供支持，将这一倡导以规范性文件的方式予以固定。

三、知识产权保护能力：加大执法强度，加强处罚力度，鼓励企业积极开展知识产权保护工作

在知识产权保护工作上，我国对著作权法、专利法及其他配套

---

① 张小凤、周东莉：《专利体系服务社会经济发展研究》，《中国发明与专利》2015 年第 4 期。

法规进行了修订，进而为知识产权保护提供合理的法律支撑。具体实施中，我国既注重政府发挥管控作用，也注重对小微企业建设自身知识产权保护能力的提倡。前者主要体现在加大知识产权违法侵权查处工作的刑事、行政执法和司法惩处力度上，后者则主要体现在倡导企业自身积极开展知识产权保护工作。

为增大我国的知识产权保护力度，我国将着力点放在了行政执法信息透明度上。为震慑违法者和潜在违法者，我国不仅加大了对于知识产权侵权行政处罚类案件的公开力度，还规定将公开情况置于打击侵权假冒工作的考核中，为提升社会的知识产权保护信用水平而将恶意侵权行为纳入社会信用评价体系。针对侵犯知识产权的刑事案件屡发不止现象，我国也规定加大侦办效率，实行专项打击，重点处理，严格进行司法惩处。

为全面提高打击侵权假冒工作水平，我国进一步强化了对违法行为的监管、打击力度。国发〔2017〕14 号文件明确了到 2020 年基本形成协调运作的打击侵权假冒工作体系的任务。同时，针对知识产权犯罪活动在现代背景下出现的新特点，该文件提出了进行全链条打击的工作方针。

为鼓励企业自身主动增强知识产权保护能力，国办发〔2016〕25 号文件不仅规定设立知识产权证据材料公证保管执业管理平台和海外知识产权问题及案件信息提交平台，用以为小微企业进行知识产权权利认定和海内外纠纷解决提供便利。还规定完善知识产权综合服务机制，为小微企业提供政策指引和诉讼等维权服务，协调国内小微企业处理涉外知识产权纠纷，从而助力小微企业在国际上更好地保护自身知识产权。支持小微企业聘请律师作为企业的法律顾问处理企业的知识产权侵权维护等法律事务，强调小微企业自身提高产维权意识，提升知识产权保护能力的重要性。

四、知识产权管理能力：推行知识产权托管，遴选服务机构，大力建设小微企业服务体系

一方面，我国支持小微企业实行知识产权委托管理，知识产权局等八部委发布的国知发管字〔2015〕44 号文件要求加大中小企业知识产权战略推进工程推进力度，支持小微企业将知识产权委托管理作为企业自身管理知识产权的重要备选方式。国知战联办〔2017〕12 号文件明确规定我国进行中小企业知识产权托管试点工程的建设，将中小微企业知识产权管理的企业需求与市场上知识产权服务机构的服务功能相结合，引导小微企业委托知识产权服务机构管理其知识产权相关事务，进而弥补小微企业知识产权管理人员不足、管理能力不强的缺陷。

另一方面，工信厅企业函〔2017〕376 号文件则规定了由知识产权局负责遴选高质量的知识产权服务机构负责对小微企业进行知识产权运用和管理能力方面的培训。根据要求，知识产权局最终遴选出了由清华大学、北京理工大学等高等学校，工业和信息化部电子第五研究所、国家工业信息安全发展研究中心等研究机构及中国汽车工业进出口有限公司等单位共同组成的服务机构。由这些单位为领军小微企业的管理者，进行知识产权管理和运用能力方面的培训，围绕中小微企业知识产权管理和运用中的重难点问题进行强化训练，致力于提升中小微企业经营管理者在知识产权运用及管理等方面的综合能力。

概言之，我国对小微企业知识产权管理能力方面的扶持主要裹挟于小微企业服务体系的建设工程中。《国家创新驱动发展战略纲要》规定，扶持培养创新型小微企业，提倡小微企业创新商业模式，鼓励社会各主体出力参与针对小微企业的社会化技术创新公共服务平台的建设。国家鼓励各类社会中介机构开展针对小微企业的企业诊断、信息咨询、创业辅导、人员培训等服务。可见，小微企业服务体系的服务内容虽然包含小微企业发展所需的方方面面，但是企业诊断、人员培训等小微企业的知识产权管理能力无疑是重中之重。

第二节　四川省相关立法和政策性、规范性文件的现状

四川现有专门针对小微企业的地方规范性文件共有 7 项。分别是川经信创服〔2015〕247 号文件，川经信办创服函〔2016〕120 号文件，四川省国家税务局、四川省地方税务局公告 2015 年第 8 号文件，川府发〔2015〕17 号文件，川办发〔2013〕71 号文件，川办函〔2012〕15 号文件和川经信创服函〔2011〕173 号文件。

川经信创服〔2015〕247 号文件是四川扶持小微企业发展的宏观计划。其设定的小微企业扶持目标为三年建成省级小企业创业示范基地、专业服务机构各 200 个，汇聚创新创业投资机构、创新创业导师各 200 个，新增规模以上工业企业数目不低于 3000 户。并安排了组织领导、省市联动、宣传报道三种方式从环境、主体、载体、服务资源、公共服务及投融资服务方面增强小微企业的实力，营造小微企业创新创业的适宜环境。同时，还将"互联网＋小微企业"行动及减轻小微企业创新创业负担也作为了支援小微企业发展的工

作任务。

从总体内容而言,四川关于小微企业知识产权创造能力、管理能力、运用能力和保护能力建设的相关立法和政策性、规范性文件,呈现以下特点。

一、知识产权创造能力:注重创新研发融资,重视院校合作的产学研模式,缺少对保险机构和设备资源的规定

知识产权创新方面,四川注重对小微企业创新研发资金问题的解决。根据川府发〔2015〕17号文件,四川致力于形成政策性担保、商业性担保和互助担保"三位一体"的担保格局,形成政府主导和控股的融资性担保机构与民营融资性担保机构组成的规范格局。同时,加强银行和担保机构的合作,提升银行和担保机构在小微企业融资方面的作用。川办发〔2013〕71号文件从债券融资、股权融资、信托和金融租赁融资处罚进一步丰富了小微企业的融资渠道,同时还提及了保险工具的增信作用,规定奖补机制及税收政策也应适当加强力度。此外,为进一步减轻小微企业的负担,四川还实施了免征适格小微企业不必要的行政事业性收费和5项政府性基金的优惠政策。

四川虽也规定有领军企业、科研院所、高等院校与各类创新创业载体之间以"技术转移+企业孵化"等模式进行合作的"产学研"模式,但是规定得比较简略,不够详尽。明确规定的合作模式只有"技术转移+企业孵化"一种,缺乏多样性,不利于小微企业进行研发创新。并且,小微企业自身资金和资源有限,领军企业、科研院所等的设备等资源往往比较丰富,完全可以考虑将其对小微企业开放使用,便于后者增强其创新创业能力,为其发展提供又一助力。

总体而言，四川从小微企业融资出发解决小微企业研发费用的问题，注重融资担保体系的建设，但对保险机构的作用只是稍稍带过，没能真正重视保险机构在小微企业融资中可能发挥的风险分散作用，这对解决小微企业进行知识产权创新工作而言有害无益。在与科研院校合作进行研究开发方面，也还需要加强规定。

二、知识产权运用能力：放宽科研人员限制，下放科研成果权益，资源共享机制尚待细化落实

四川对科技型小微企业知识产权运用能力建设的支持主要集中在对企业科技成果转化的鼓励上。①四川为加大科技型小微企业的科技成果转化率，从放宽限制、提高收益入手，鼓励科研人员参与科技型小微企业的知识产权转化运用研究。根据川府发〔2015〕27号文件，四川规定鼓励科技人员离岗创办企业。高等学校、科研院所的科技人员在不违反相应法规和政策并取得所在单位同意的前提下，投身小微企业的科技研发和成果转化等活动并获得兼职取酬。科技人员完成岗位职责和聘用合同约定任务并经所在单位同意的条件下，可在川兼职从事技术咨询、研发和服务等成果转化活动并获得相应股权和酬劳。该《意见》同时规定科研院所、高等学校的科技人员能获得不低于其职务科技成果转化所得70%的收益。②四川规定向符合条件的项目承担单位下放科技成果使用、收益和处置权。规定实施开放资源共享，推进向全社会开放重点实验室和工程（技术）研究中心等机构的工作进程。同时，规定由领军企业、科研院所、高等院校与各类创新创业载体之间以"技术转移＋企业孵化"等模式进行合作的"产学研"模式，意图为科技型中小微企业的成果转化运用提供助力。

由此可见，四川主要以"科研人员"和"资源共享"为扳手，撬动科技型小微企业成果转化的巨轮，驱动企业知识产权能力大车前行。虽然对科研人员的规定已经较为详尽，但是对"产学研"模式仅规定了"技术转移＋企业孵化"一种院企合作方式，缺乏多样性和可操作性。并且，川府发〔2015〕27号文件虽然规定建立资源开放共享机制，但该规定也仅具初步轮廓，现今尚无实际的操作性规定落地，科技型小微企业自身资金和资源有限这个难题仍未得到缓解。因此，要提升科技型小微企业的知识产权运用能力，构筑由领军企业、科研院所、重点实验室等组成的资源开放共享平台不失为一大良策。

三、知识产权保护能力：加强违规涉企收费查处力度，实施减负治理支持企业维权，缺乏支持小微企业加强自身保护能力的直接规定

四川关于小微企业知识产权保护能力方面的规定相对较少，仅在川经信企业〔2016〕145号文件中有加强惩处违规涉企收费行为的规定，对中小微企业开展维权工作进行减负专项治理，通过落实相关优惠政策降低小微企业进行维权的费用负担。此外，达州出台的达市府办〔2017〕47号文件也规定通过政策宣传教育和保护消费者权益侧面加强对小微企业的知识产权保护。

可见，四川对小微企业的知识产权保护能力建设在四项能力中最为薄弱。省级文件中与知识产权保护有关的规定也仅仅是从资金方面对小微企业开展维权减负而已。相应地，下属各市对小微企业的知识产权保护能力进行规定的更是寥寥无几，稍微涉及些许的并不完善，所起作用有限。所以，四川对小微企业的规定还需要明确，不仅应从政府层面为小微企业保护自身知识产权提供平台和便利，还应提倡和鼓励小微企业自身加强知识产权保护工作。

四、知识产权管理能力：建立了"银税互动"制度，注重法规政策宣传，对中介组织的地位和作用认识不足

在小微企业知识产权管理能力建设中，四川组建了由省市级国税、地税、金融办、人行、银监等部门参与的"银税互动"联席会议制度，建立信息共享机制和征信互认机制，方便这些单位以小微企业为服务对象开展业务。同时，重视小微企业相关法规政策文件的解读和宣传，《四川经济日报》《四川日报》和中小企业四川网等媒体设置了政策宣传专栏，方便小微企业了解最新的法规政策，为小微企业制定适用于自身当下发展的知识产权管理战略提供指引和边界。此外，创业沙龙、创业讲坛、"创客四川·创享智造"以及创业训练营系列活动也都为小微企业间展示创新创业成果、交流各自知识产权专利和管理经验提供了平台，便于小微企业知识产权能力整体提升。

由此可见，四川在针对小微企业知识产权管理能力方面，充分保障了对小微企业相关政策的宣传和舆论引导，并运用一系列政策和措施为小微企业进行知识产权管理划定了法律边界。但是，四川对中介组织等社会主体在小微企业知识产权管理能力建设中的角色定位却不甚明确，对其在小微企业服务网络中所能扮演的角色还不够重视，这也是四川小微企业服务体系在知识产权管理能力建设内容方面尚需加强之处。

第三章　四川科技型小微企业知识产权能力建设的现状与困境：基于问卷调查的实证分析

第一节　调研概况

一、调查方法

社会研究数据获取的方法有问卷法、电话访问法、在线调查法。按照答题方法的不同，问卷法又分为自填式问卷法和访谈调查法。自填式问卷法的优点是经济、快捷，缺点是回收率较低；访谈调查法虽有成本高的缺点，但其在获取信息的完整性上具有其他方法不可比拟的优势，适合调查复杂情况。而电话访问法和在线调查法，相对于问卷法，都存在样本缺乏代表性的问题。①

结合本课题研究目的和实际情况，课题组选择了非匿名的自填式问卷法和访谈调查法。

首先，调查对象是四川科技型小微企业，有必要针对性选择科技型小微企业发展活跃的区域和产业的代表性企业展开调研；其次，调研内容可能涉及科技型小微企业重要经营信息、技术信息和商业秘密，以及对政府政策的评价，受访者在回答问题时难免有所顾虑，若采用大面积投放不记名调查问卷的形式开展调研，可行性不强；最后，考虑到在调查时间、经费有限的前提下，要保证回收率或者应答率，课题组提前联系企业，采用电子邮件方式发送和回收调查问卷，并与面对面访谈调查法结合补充使用，以进一步获取那些未在问卷中设置但对课题研究有益的信息。

二、问卷设计

（一）调研目的

对科技型小微企业的基本情况及其在知识产权的创造、运用、保护和管理方面的现状进行了解，收集企业对提升知识产权能力的意见和建议，进而提出有针对性、行之有效的制度完善建议，促进我省科技型小微企业健康快速发展。

（二）内容设计

问卷一共包括六个板块：

第一，企业基本情况。涉及样本企业的背景信息，包括企业名称、所在地区、职工总数、研发人员总数，拥有专利、计算机软件

---

① ［美］艾尔·芭比：《社会研究方法基础》（第四版），邱泽奇编译，华夏出版社 2010 年版。

著作权等技术成果，是不是高新技术企业，企业所从事的技术领域，从而评估四川科技型小微企业发展的整体情况。考虑到研究主题是"知识产权能力建设"，课题组还在第一板块最后设置了一个问题，了解企业相关人员是否对"知识产权能力建设"这一概念有所了解，方便课题组开展后续研究。

第二，企业的知识产权创造能力建设现状。作为知识产权能力评估的第一个方面，创新能力是科技型小微企业的生命力。课题组需要了解企业的研发投入和产出情况、自主创新和技术引进情况，以及企业面对的创新能力不足的障碍有哪些。课题组可以据此进一步分析现有制度的不足，并提出未来制度建设的重点。

第三，企业的知识产权运用能力建设现状。科技成果转化是科技型小微企业可持续发展的关键。课题组需要了解企业的科技成果转化率，制约企业成果转化的障碍有哪些。课题组可以据此进一步分析现有制度的不足，并提出未来制度建设的重点。

第四，企业的知识产权保护能力建设现状。知识产权侵权问题是科技型企业面对的重大风险。科技型小微企业在维权意识、维权成本方面更是弱势。课题组需要了解企业获得国内外知识产权保护的情况，以及知识产权侵权情况。课题组可以据此进一步分析现有制度的不足，并提出未来制度建设的重点。

第五，企业的知识产权管理能力建设现状。完善的知识产权管理制度，能为科技型小微企业进行技术研发、成果转化和风险防控提供持续动力。课题组需要了解企业相关的规章制度建设情况、管理人员情况，以及社会服务和支持现状。课题组可以据此进一步分析现有制度的不足，并提出未来制度建设的重点。

第六，企业对提升知识产权能力的意见和建议。课题组借此了

四川科技型小微企业知识产权能力建设的法律制度完善研究

解企业对国家和四川省、企业所在市（地区）关于科技型小微企业在融资、自主创新、知识产权维权等方面的相关法律法规的意见和看法，直接面对企业诉求，以期提出有针对性的对策建议。

（三）题目设计

为保证问卷的逻辑性和条理性，根据社会调查问卷的设计规则，① 问卷题目共计 25 个小题，先易后难，封闭式问题在前，开放式问题在后。问卷六部分内容合理衔接，从企业基本信息，过渡到科技型小微企业知识产权能力建设的四个不同方面，再到企业对国家和地方相关法律法规的意见和建议。前 24 题为封闭式问题，第 25 题为开放式问题，以弥补封闭式问题容易出现的内容偏误。

三、样本选取

课题组采用典型抽样法来选取样本区域和样本企业。

（一）样本区域的选择

考虑到区域经济发展水平、科技型小微企业发展概况、地方法律制度建设情况和政策扶持环境等相关因素，课题组将成都市作为本次调研的第一个样本区域。据第三次全国经济普查结果显示，四川小微企业法人单位主要分布在经济较为发达的地区，主要集中在成都 7.12 万个，占 38.4%。② 成都也作为国家首批小微企业创业创新基地示范城市和国家自主创新示范区，支撑带动着我省包括科技型小微企业在内的小微企业的发展。成都于 2015 年推进实施创新驱动发展战略和"创业天府"行动计划，该市科技型企业因而增

① ［美］艾尔·芭比：《社会研究方法基础》（第四版），邱泽奇编译，华夏出版社 2010 年版。
② 《四川小微企业蓬勃发展》，http：//www. sc. stats. gov. cn/tjxx/tjxx_ 171/qs/201502/t20150211 _ 178981. html，2017 年 7 月 25 日访问。

·30·

加 11032 个，高新技术产业产值高达 7858 亿元；专利申请量 77538 件，同比增长近 20%，其中发明专利申请量 29791 件，同比增长 35%，分列副省级城市第二、第三位，全市科技进步贡献率达到 62%；成都的"科创通"平台，已经聚集 10935 家科技企业，500 家科技服务机构，1703 个服务产品。[①] 2017 年，成都为切实加强知识产权运用和保护出台新政 50 条，将知识产权运营基金总规模不低于 20 亿元定为引导设立该基金的目标。同时要求加快建设国家知识产权运营公共服务平台成都运营中心、成都知识产权交易中心，提升知识产权快速维权援助中心、国家专利审查四川中心服务能力。[②]

此外，如前文所述，区域发展不平衡是四川科技型小微企业的显著特征。为了形成对比，课题组还选择了广元利州区作为样本区域。相较于在四川处于绝对领先地位的成都，广元位于四川第三大城市群——川东北城市群，其在经济发展水平、经济发展质量上均不具显著优势。[③] 近年来，广元加大了对科技型小微企业的扶持力度，成立了广元市科技创业服务中心、广元市生产力促进中心等科技服务平台，对新型科技服务方式进行探索，将政策、管理、法律及财务等作为服务内容予以提供，引导小微企业掌握相关法律规定

---

① 《2016 年成都将再培育万家科技型企业》，http：//news. chengdu. cn/2016/0316/1773246. shtml，2017 年 7 月 29 日访问。

② 《成都出台产业新政 50 条》，http：//www. cdst. gov. cn/ReadNews. asp? NewsID = 21411，2017 年 7 月 29 日访问。

③ 四川省统计局：《四川省四大城市群经济实力研究》，http：//www. sc. gov. cn/10462/10464/10465/10574/2014/1/8/10290302. shtml，2017 年 7 月 28 日访问。

内容，从而提升小微企业的自身知识产权保护意识和能力。① 广元利州区作为国家知识产权强县工程试点区，不仅在知识产权管理，政策资金引导，知识产权创造、运用、服务和保护等常规工作上有亮点，还开展了专利产业化、建立知识产权工作站等极具特色的工作。自 2013 年开始创建国家知识产权强县工程试点区以来，截至 2015 年 12 月，利州区累计在商标、专利等方面投入经费 250 万元，专利申请量和授权量由试点初的 159 件增长到 2015 年 1～10 月的 278 件，同比增长 27.6%；其中发明专利由 55 件增长到 72 件，增幅达 1.31 倍。取得著名商标 4 个，市知名商标 20 件，认证地理标志产品 6 个。② 2015 年 9 月，利州区创业孵化园创业服务中心被认定为"四川省科技企业孵化器"，其服务对象为科技型中小企业，有在孵企业 67 家，成功孵化企业 14 家，直接带动就业人数 411 人。③ 2016 年，广元利州区共有科技型小微企业 17 个，其中高新技术企业 9 个。鉴于利州区在对科技型小微企业扶持工作和知识产权工作中取得的显著成效，课题组将其作为第二个样本区域，以期对比分析两个不同区域科技型小微企业知识产权能力建设水平，探究制度缺失与不足。

（二）样本量和样本企业的确定

确定合理的样本量需考虑的因素有研究目的和研究成本。一方

---

① 《我市唯一的省级科技企业孵化器——广元市科技创业服务中心通过复核》，http：//www.kjxxg.gov.cn/info/Article_ Show.asp? ArticleID = 5055，2017 年 8 月 3 日访问；《加速聚集科技创新资源 提升区域科技服务能力》，http：//www.kjxxg.gov.cn/info/Article_ Show.asp? ArticleID = 5113，2017 年 8 月 3 日访问。

② 《广元市利州区国家知识产权强县工程试点区顺利通过验收》，http：//www.gyst.gov.cn/info/2006.htm，2017 年 8 月 3 日访问。

③ 《利州区创业孵化园创业服务中心被认定为"四川省科技企业孵化器"》，http：//www.gyst.gov.cn/info/1951.htm，2017 年 8 月 3 日访问。

面，样本量越大，抽样误差越小；另一方面，调研涉及全省范围内的科技型小微企业，区域较广，需要投入的人力、时间成本较大。

广元利州区的科技型小微企业数量不多，课题组对样本企业的选择工作重点在于成都。在选择成都的样本企业时，课题组具体考虑了企业所处行业是不是具有代表性的成都重点发展行业，企业的自主创新意识和对知识产权能力建设的接受度是否比较高，调研工作是否可以顺利推进等因素。

课题组适当控制合适的样本量，2016 年 11 月 ～ 2017 年 1 月，共调研了 47 家企业。这些企业分别是：四川诚唯科技有限公司、成都安特金技术有限公司、成都华创生物科技有限公司、成都爱尔康生物科技有限公司、成都贝爱特生物科技有限公司、成都克莱蒙医药科技有限公司、成都化润药业有限公司、成都创宜生物科技有限公司、成都华汉三创生物科技有限公司、纽奥维特（成都）生物科技有限公司、电信科学技术第五研究所、成都市智讯联创科技有限责任公司、成都康赛信息技术有限公司、成都三利亚科技有限公司、四川浩石恒泰科技有限公司、成都和合医学检验所有限公司、四川派汀停车设备有限公司、成都蜀山尚品农业有限公司、成都斯坦德分析检测有限公司、成都伊诺特科技有限公司、成都悦齿精工科技有限公司、成都泽汇天成科技有限公司、四川长龙能源有限责任公司、成都明泽机电有限公司、成都市容华电子有限公司、都江堰市民鑫防火材料有限公司、四川京都龙泰科技有限公司、四川远鸣科技有限公司、成都倍思兰科技有限公司、四川艾施派尔新材料科技有限公司、四川成铝铝业科技有限公司、四川供源科技有限公司、四川中投亿星新能源科技有限公司、成都明科宏能临床医学研究有限公司、成都三维康物联网科技有限公司、成都颐合恒瑞医疗科技有限公司、成都猿缘源科技有限公司、四川筑龙信息技术有限责任公司、广元市帆舟食品有限责任公司、广元市福琦太阳能科技有限公司、广元市海天实业有限责任公司、四川省精珍味业有限公司、广元市龙洲园食品有限责任公司、广元天湟山核桃食品有限公司、四川雄者酒业有限公司、广元紫阳农林工业有限责任公司、广元欣源设备制造有限公司。

因成都明科宏能临床医学研究有限公司只填写了企业基本情况信息；电信科学技术第五研究所、成都康赛信息技术有限公司企业职工总数超过 100 人；四川浩石恒泰科技有限公司、成都和合医学检验所有限公司、四川派汀停车设备有限公司、成都蜀山尚品农业有限公司、四川长龙能源有限责任公司、四川筑龙信息技术有限责任公司、广元市海天实业有限责任公司的研发人员为 0、自主知识产权为 0，不符合科技型小微企业的认定标准，[1] 故课题组最终得到有效调查问卷 37 份。

第二节　数据分析

一、样本企业概况

（一）样本企业所在地区分布情况

从图 3 - 1 可知，在本次调研回收的有效样本中，位于成都高新

---

① 课题组调研时，《科技型中小企业评价办法》（国科发政〔2017〕115 号）并未出台，有的样本企业可能不符合该文件的标准。

区的科技型小微企业最多，占比38%。作为国家自主创新示范区，2016年，成都高新区在科技部国家高新区评价中综合排名位居全国第三。高新区构建了涵盖平台、载体、资金、人才、技术、知识产权、市场拓展、国际化等方面的完善的创新创业服务体系，截至2017年3月，全区有创新创业载体总面积达275万平方米，孵化器和众创空间总数75家，有在孵科技型企业1.27万个。①

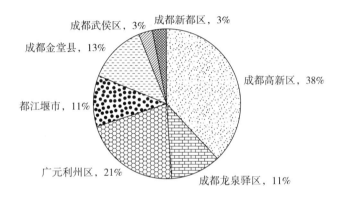

图3-1　样本企业所在地区分布情况

（二）样本企业所从事的技术领域是否属于高新技术企业

从图3-2可知，在本次调研回收的有效样本中，从事生物与新医药、电子信息和新材料的企业分别占比33%、16%和16%，位列前三位，反映了产业集群发展的特点。

从图3-3和图3-4可知，相较于成都样本企业多从事生物与新医药、电子信息和新材料等支柱产业、优势产业，广元利州区的科技型小微企业多从事农副食品加工。

---

① 《成都高新区国家自主创新示范区全力打造国际创新创业中心》，http：//www.cdht.gov.cn/ljgxgxgk/index.jhtml，2017年8月9日访问。

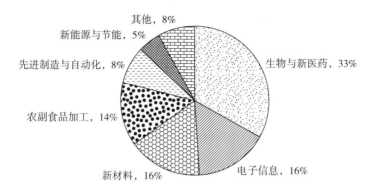

图 3 - 2　样本企业所从事的技术领域分布情况

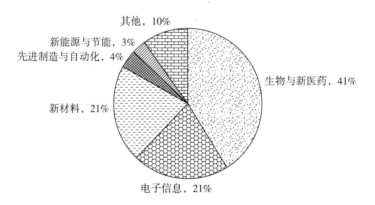

图 3 - 3　位于成都的样本企业所从事的技术领域分布情况

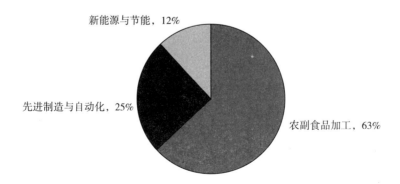

图 3 - 4　位于广元利州区的样本企业所从事的技术领域分布情况

另从图3－5可知，样本企业更多处于孵化阶段，仅有16%为发展更为成熟的高新技术企业。

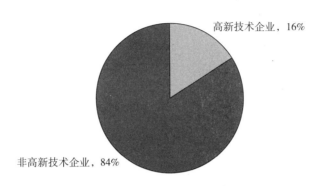

图3－5 高新技术企业占比

（三）样本企业的职工总数

从图3－6可知，大多数样本企业的规模小，职工总数不足20人的企业超过一半。职工总数不足10人的微型企业占到了26%。

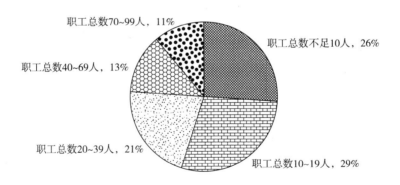

图3－6 样本企业职工总数及比重

（四）样本企业的研发人员数

从图3－7可知，76%的样本企业的研发人员不足10人。研发人员为 2~4 人的样本企业最多，占比 35%。

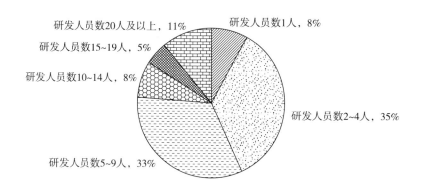

图 3-7　样本企业研发人员数及比重

（五）样本企业拥有的专利等技术成果数

统计数据显示，平均每一个样本企业拥有专利、计算机软件著作权等技术成果 5 项。从图 3-8 可知，70% 的样本企业拥有至少 1 项专利等技术成果。拥有专利等技术成果 10 项及以上的样本企业达到 32%，表现出较好的自主创新能力和强劲的发展潜力。而另有 30% 的样本企业没有技术成果，仍处于孵化早期阶段。

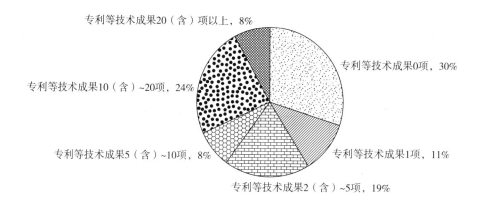

图 3-8　样本企业拥有的专利等技术成果数及比重

据图 3 - 5 和图 3 - 9 可知，仅占全部样本企业数量 16% 的高新技术企业，拥有的技术成果占全部企业技术成果的 44%，表现出了更强的知识产权创造能力。

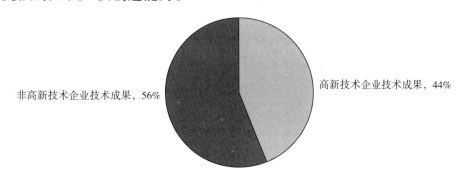

非高新技术企业技术成果，56%　　高新技术企业技术成果，44%

图 3 - 9　高新技术企业拥有的专利等技术成果占比

（六）样本企业的相关人员是否了解"知识产权能力建设"

从图 3 - 10 可知，多数样本企业的负责人、相关管理人员、研发人员等知道"知识产权能力"大致包括自主创新、成果转化、知识

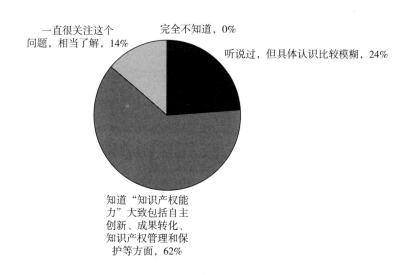

一直很关注这个问题，相当了解，14%　　完全不知道，0%

听说过，但具体认识比较模糊，24%

知道"知识产权能力"大致包括自主创新、成果转化、知识产权管理和保护等方面，62%

图 3 - 10　样本企业的相关人员是否了解"知识产权能力建设"

产权管理和保护等方面，占比 62%。有 14% 的样本企业的负责人、相关管理人员、研发人员等一直很关注这个问题，对"知识产权能力建设"相当了解。没有一个样本企业完全不知道"知识产权能力建设"。

二、样本企业的知识产权创造能力建设现状

（一）样本企业的技术人力资源

研发团队是科技型小微企业维持知识产权创造能力的基础。从图 3 – 11 可知，只有 3% 的样本企业没有研发团队。

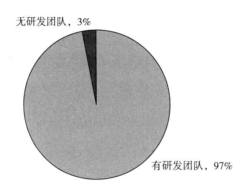

无研发团队，3%

有研发团队，97%

图 3 – 11　样本企业的研发团队

从图 3 – 12 可知，超过 94% 的样本企业，其研发人员占职工总数比例为 10% 及以上。其中，研发人员占职工总数比例为 60% 及以上的样本企业最多，占到 30%，有 8% 的样本企业的全部职工为研发人员，反映了科技型小微企业智力密集型的特点。

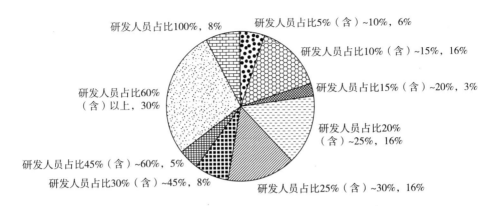

图 3 – 12　样本企业研发人员占职工总数的百分比

（二）样本企业的研发投入情况①

从图 3 – 13 可知，有 80% 的有效样本企业近三个会计年度的销售收入总额中研究开发费用总额所占百分比为 2% 及以上，且 60% 的有效样本企业近三个会计年度销售收入总额中研究开发费用总额所占百分比为 6% 及以上。

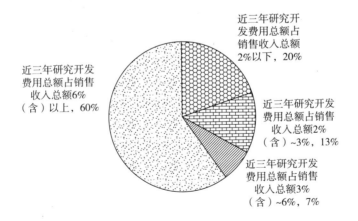

图 3 – 13　有效样本企业近三个会计年度的研究开发费用总额占销售收入总额的百分比

① 有的样本企业部分数据未填写，此处仅统计有效数据。

（三）样本企业近三年的自主创新和技术引进情况

从图 3 - 14 可知，有 30% 的样本企业近三年没有技术成果。另从图 3 - 15 可知，在近三年创造出技术成果的样本企业中，有 92% 的企业通过自主研发获得技术成果。可见，相较于合作研发、引进（购买）、消化吸收再创新等形式，自主研发是企业自主创新的基本途径。

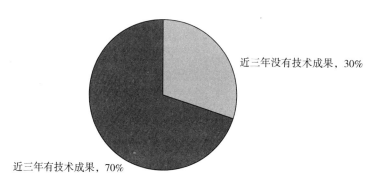

图 3 - 14　样本企业近三年自主创新情况

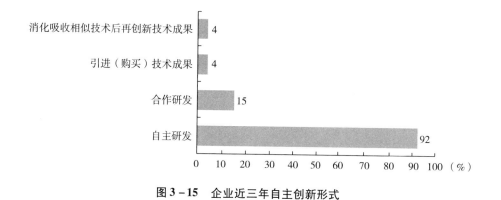

图 3 - 15　企业近三年自主创新形式

（四）制约企业知识产权创新能力的因素

从图 3 - 16 可知，自主研发成本高，是样本企业认为制约其知识产权创新能力的最大障碍。企业融资难、政府扶持力度不够，也是样本企业认为制约其知识产权创新能力的主要因素。

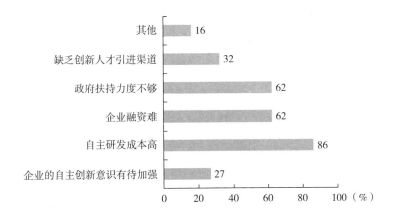

图 3-16　制约样本企业知识产权创新能力的因素

另外，16% 的样本企业认为还存在其他制约其知识产权创新能力的障碍。例如，成都市智讯联创科技有限责任公司在受访时指出："创新更多在于民间小企业，不要盯着规模企业搞服务，应该多些普惠政策，少重点扶植。如同人才培养，在于赛马，而不是相马。资助项目要公开公正，同时降税收很关键，特别是对研发性企业，降低企业创新试错成本。"

三、样本企业的知识产权运用能力建设现状

（一）样本企业的科技成果转化率水平

从图 3-17 可知，有 64% 的样本企业近三年实际转化了技术成果，其中有 43% 的样本企业实现了 100% 的转化率。另从图 3-18 可知，在实际转化了技术成果的样本企业中，实现 1 项科技成果转化的企业占比 28%，为相对多数。67% 的样本企业转化的技术成果低于 5 项。

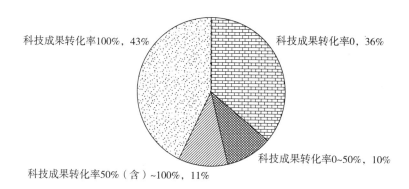

图 3-17　样本企业近三年的科技成果转化率

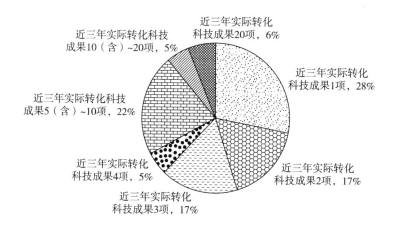

图 3-18　样本企业近三年实际转化科技成果数

（二）制约样本企业成果转化的因素

从图3-19可知，缺乏资金是样本企业认为制约其成果转化的最大障碍。缺少成果转化的服务平台、政府扶持力度不够也是样本企业认为制约其成果转化的主要因素。

另外，3%的样本企业认为还存在其他制约其成果转化的障碍。例如，成都市智讯联创科技有限责任公司在受访时指出，在跨行业应用方面缺乏综合性人才，也是制约其成果转化的障碍。

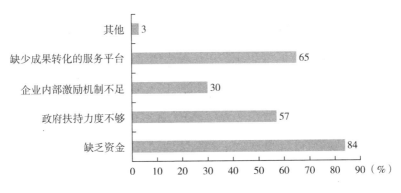

图 3 – 19　制约样本企业成果转化的因素

四、样本企业的知识产权保护能力建设现状①

（一）样本企业的技术成果获得知识产权保护的情况

从图 3 – 20 和图 3 – 21 可知，多数样本企业近三年都获得了知识产权，占比达68%。而且，5%的企业还获得了外国专利。为了充分保障权利，科技型企业一般会将同一个技术成果申请同案专利，既获得国内知识产权保护，也获得国际知识产权保护。例如，成都华创生物科技有限公司、成都创宜生物科技有限公司，对同一技术成果，既享有国内发明专利，又享有外国专利。

从所获知识产权的数量上看，如图 3 – 22 所示，实用新型是样本企业拥有最多的知识产权种类，样本企业所获得的实用新型总数占全部知识产权总数的44%。作为与现有技术相比具有突出的实质

---

① 因本次调研主要针对科技型小微企业的技术成果及相应知识产权的获取，问卷未统计样本企业获得注册商标保护情况。

性特点和显著的进步、属于 I 类知识产权①的发明专利，也表现出较好的成绩：样本企业所获得的发明总数占全部知识产权总数的 32%。发明专利在实质条件、审批程序和保护力度等方面都不同于实用新型，发明的申请难度比实用新型大很多。因此，作为科技型小微企业拥有的实用新型数量比发明专利多，也与我国的发明和实用新型的申请、保护情况相符。

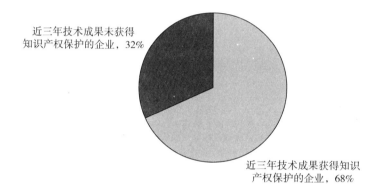

图 3-20　样本企业近三年技术成果获得知识产权保护的情况

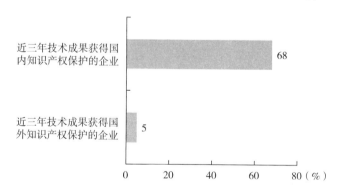

图 3-21　样本企业近三年技术成果获得国内、国外知识产权保护的情况

---

　　① 根据《科技型中小企业评价办法》(国科发政〔2017〕115 号)第 9 条，I 类知识产权有发明专利、植物新品种、国家级农作物品种、国家新药、国家一级中药保护品种、集成电路布图设计专有权；II 类知识产权有实用新型专利、外观设计专利、软件著作权。

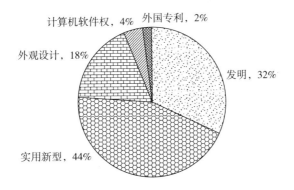

图3-22　样本企业近三年技术成果获得知识产权的类别①

　　虽然实用新型是样本企业主要的知识产权表现形式，但从图3-23可知，超过一半的样本企业获得了发明专利，占比达54%。根据我国的《专利法》及最高人民法院相关司法解释，发明的保护力度明显大于实用新型，具体表现在专利权的许可、转让，以及侵权

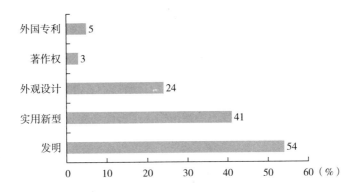

图3-23　获得不同类别国内知识产权保护的样本企业数

---

　　① 计算机软件著作权，属于著作权的一种，采自动取得原则，自创作完成之日起，自动产生著作权，无须经过申请和行政审批手续。

诉讼程序①和侵权损害赔偿的范围等诸多方面。可见，样本企业在技术创新水平不断提升的同时，也在不断增强自身的知识产权保护意识，故能获得国家较高水准的知识产权保护。

（二）样本企业的知识产权侵权情况

从图 3 - 24 可知，97% 的样本企业在近三年均未因被侵害专利权、著作权、商标权等知识产权或者因企业未公开的、采取了保密措施的技术资料被侵害而引发纠纷或者产生诉讼的情况。这与科技型小微企业成立时间短、技术产品（服务）的市场占有率不高等因素有直接关系。总之，没有发生知识产权侵权行为，并不表示样本企业的知识产权保护状况良好，有必要加强知识产权管理，防微杜渐。

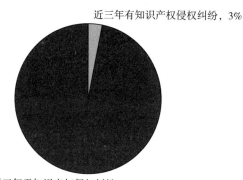

图 3 - 24　样本企业近三年发生知识产权纠纷情况

---

①　在专利侵权民事诉讼中，被诉侵权人一般会主张专利无效，从而引发民事诉讼程序中止。据《最高人民法院关于审理专利纠纷案件适用法律问题的若干规定》（法释〔2015〕4 号）第 9 ~ 11 条规定，除几种特殊情况外，人民法院受理的侵犯实用新型、外观设计专利权纠纷案件，被告在答辩期间内请求宣告该项专利权无效的，人民法院应当中止诉讼，而侵犯发明专利权纠纷案件可以不中止诉讼。

样本企业成都创宜生物科技有限公司（原告）与山东麦田生物技术有限公司（被告）发生专利权权属、侵权纠纷。在案件审理过程中，被告山东麦田生物技术有限公司于2016年8月9日就原告主张权利的专利权向专利复审委员会提出无效宣告请求。2016年12月19日，专利复审委员会作出第30890号无效宣告请求审查决定书，宣布原告CN201xxxx89683.1号"以ICAM-1为检测指标的胎膜早破快速检测工具与检测盒"专利权全部无效。湖南省长沙市中级人民法院据此裁定驳回原告成都创宜生物科技有限公司的起诉。[①]

五、样本企业的知识产权管理能力建设现状

（一）样本企业建立知识产权管理规章制度情况

从图3-25可知，多数样本企业已经建立有关知识产权管理的规章制度，占比68%。表3-1是课题组通过进一步访谈得知的部分样本企业出台的知识产权管理规章制度名称和出台时间。

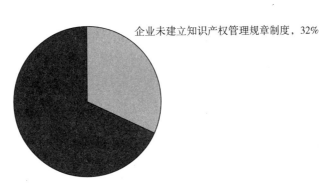

企业未建立知识产权管理规章制度，32%

企业已经建立知识产权管理规章制度，68%

图3-25　样本企业建立知识产权管理规章制度情况

---

① 参见湖南省长沙市中级人民法院（2016）湘01民初1229号民事裁定书。

表3-1 通过访谈得知的部分样本企业颁布的知识产权管理规章制度的标题和出台日期

成都因诺特科技有限公司	2015年5月1日出台《因诺特关于知识产权保密协议》
成都泽汇天成科技有限公司	2016年5月出台《成都泽汇天成科技有限公司知识产权管理规章制度v1.0版》
成都市容华电子有限公司	2015年1月1日出台《成都市容华电子有限公司知识产权管理办法》
四川远鸣科技有限公司	2016年2月30日出台《四川远鸣科技有限公司知识产权管理办法》
广元市帆舟食品有限责任公司	《科技人才奖励规定》《著作权管理制度》①
广元市龙洲园食品有限责任公司	2014年3月26日出台《商标管理制度》
广元欣源设备制造有限公司	2014年6月出台《知识产权管理办法和知识产权组织机构》

　　另从图3-26可知，在拥有专利、计算机软件著作权等技术成果的样本企业中，已经建立相应的知识产权管理规章制度的企业占比65%。虽然有的样本企业成立时间短，未获得专利、计算机软件著作权等技术成果，但制定有知识产权管理规章制度样本企业占比仍有27%，表现出较强的企业知识产权战略意识，如表3-1、图3-27所示。

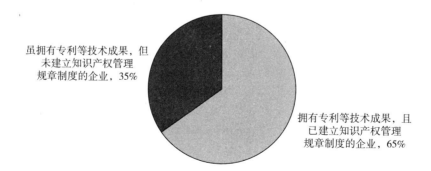

图3-26 拥有专利等技术成果的样本企业建立知识产权管理规章制度的情况

---

① 出台日期不详。

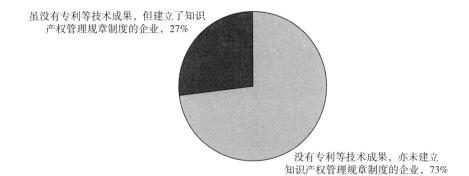

图 3 - 27　没有专利等技术成果的样本企业建立知识产权管理规章制度的情况

（二）样本企业配备专门的知识产权管理人员情况

从图 3 - 28 可知，有近一半的样本企业设有知识产权专员岗位（专职或者兼职），对企业知识产权事务进行管理。另从图 3 - 29 可知，在拥有专利、计算机软件著作权的样本企业中，有超过一半的企业配备了知识产权专员。从图 3 - 30 可知，虽然有的样本企业成立时间短，未获得专利、计算机软件著作权等技术成果，但仍有 36% 的样本企业已经配备了知识产权专员，表现出较强的企业知识产权战略意识。

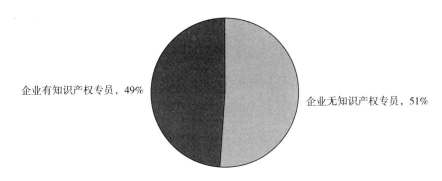

图 3 - 28　样本企业配备专门的知识产权管理人员情况

从图 3 - 31 可知，绝大多数的样本企业有知识产权专员 1 人，占比达 84% 。另有 5% 的样本企业有超过 2 个知识产权专员。如广元欣源设备制造有限公司，作为高新技术企业，配备了 5 个知识产权专员。

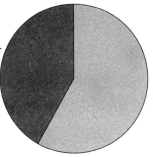

图 3 - 29　拥有专利等技术成果的样本企业配备知识产权专员的情况

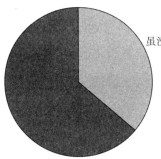

图 3 - 30　没有专利等技术成果的样本企业配备知识产权专员的情况

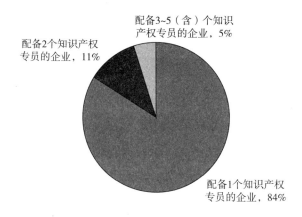

图 3 - 31　样本企业的知识产权专员人数情况

（三）样本企业知识产权管理能力建设的社会服务和支持现状

从图 3－32 可知，多数样本企业曾为了建立健全企业知识产权管理体系，咨询过相应的专业人士、专业机构，占比 76%。另从图 3－33 和图 3－34 可知，在拥有专利等技术成果的样本企业中，有 73% 的企业咨询过，而在没有专利等技术成果的样本企业中，亦有 82% 的企业咨询过。可见，样本企业对知识产权管理能力建设的重视程度普遍较高。

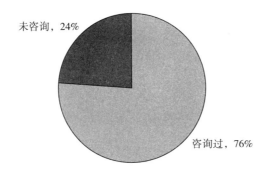

图 3－32　样本企业就建立健全知识产权管理体系咨询专业人士（机构）情况

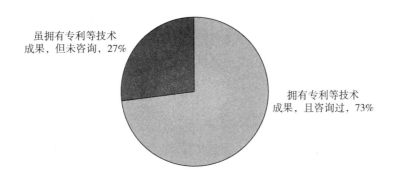

图 3－33　拥有专利等技术成果的样本企业就知识产权

管理体系咨询专业人士（机构）情况

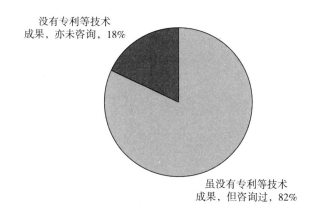

图 3 - 34　没有专利等技术成果的样本企业就知识产权管理

体系咨询专业人士（机构）情况

从图 3 - 35 可知，为了建立健全企业知识产权管理体系，样本企业所咨询的机构及人员来源主要是商标/专利事务所，商标/专利代理人，占比75%。此外，43%的样本企业也选择向律师事务所和律师咨询。少部分企业会选择高校及科研机构的专家学者或者其他科技型企业的相关企业人员进行咨询。

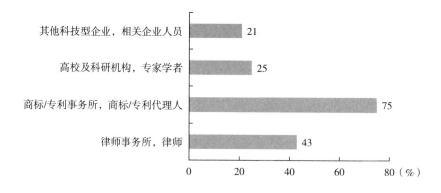

图 3 - 35　样本企业就建立健全企业知识产权管理体系所咨询的机构及人员来源

（四）样本企业认为有助于提升企业知识产权管理能力水平的
社会服务和支持的其他事项

在调研中，不少样本企业对有助于提升企业知识产权管理能力
水平的社会服务和支持的问题，提出了建议。例如，四川诚唯科
技有限公司、成都华汉三创生物科技有限公司、纽奥维特（成都）
生物科技有限公司建议建立专业的服务团队；成都因诺特科技有
限公司、成都明泽机电有限公司、成都市容华电子有限公司、都
江堰市民鑫防火材料有限公司、四川远鸣科技有限公司、四川雄
者酒业有限公司、广元紫阳农林工业有限责任公司都建议加强宣
传，产业园区不定期开展知识产权培训，解读政策；四川京都龙
泰科技有限公司建议加强产业园区增值服务。

六、样本企业对提升知识产权能力的意见和建议

（一）样本企业是否认为国家和地方相关法律法规等有不合理
之处

从图 3 - 36 可知，较多样本企业对国家和四川、企业所在市
（地区）关于科技型小微企业在融资、自主创新、知识产权维权等
方面的相关法律法规表现出满意态度，占比 61%。但结合前述调研
情况可知，大多数企业对于相关的法律法规和政策所知甚少。因此，
即使认为"不存在不合理之处"，也并不能表示我国相关法律法规
和政策已具备趋于完善、适用性强的特点。

另结合图 3 - 36 和图 3 - 37 可知，39% 的样本企业认为国家和
四川、企业所在市（地区）关于科技型小微企业在融资、自主创
新、知识产权维权等方面的相关法律法规有不合理之处。其中，样
本企业认为"政府对相关制度缺乏宣讲、引导，导致企业本身对相

关制度不了解"是最主要的表现，占比 50%；"规定脱离实际，缺乏操作性"和"规定比较笼统，缺乏针对性"分别占比 33% 和 25%；很少样本企业表示"政府干预过多"。

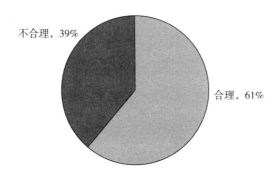

图 3-36 样本企业是否认为国家和地方相关法律法规有不合理之处

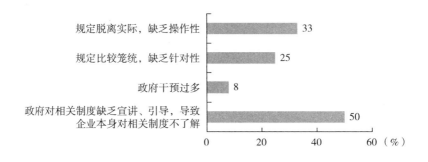

图 3-37 样本企业认为国家和地方相关法律法规不合理之处的具体表现

（二）样本企业对提升企业知识产权能力的意见和建议

在调研中，不少企业也对如何进一步提升企业知识产权能力提出了建议。

第一，企业自身应当增强知识产权意识、提高知识产权能力。比如成都三利亚科技有限公司、成都倍思兰科技有限公司、四川成铝铝业科技有限公司、四川雄者酒业有限公司和广元紫阳农林工业有限责任公司，都提出相关建议。四川成铝铝业科技有限公司认为，首先企业自身要重视产品的自我研发和创新，保护自己所拥有的产品技术和专利，合理有效地运用自己的知识产权获得政府的扶持补贴资金。成都三利亚科技有限公司提出企业应当加强研发队伍的建设。

第二，政府应当进一步加强知识产权培训，加大扶持力度。成都市智讯联创科技有限责任公司、成都悦齿精工科技有限公司、四川京都龙泰科技有限公司、广元市龙洲园食品有限责任公司、四川雄者酒业有限公司和广元紫阳农林工业有限责任公司，都提出建议加强培训，提升企业知识产权能力。成都市智讯联创科技有限责任公司建议开展一定的讲座培训，提升企业经营者和技术创业者的意识和知识产权管理能力。成都市智讯联创科技有限责任公司认为，知识产权管理能力的提升需要大环境，建议降低创新成本，鼓励更多人才和各类主体参与创新；建议提升知识资本化程度，在知识产权资本化方面予以鼓励扶植。

第三，加快专利、商标的受理、审核、授权速度。四川诚唯科技有限公司、成都爱尔康生物科技有限公司、成都贝爱特生物科技有限公司、成都克莱蒙医药科技有限公司、成都化润药业有限公司、成都创宜生物科技有限公司、成都三利亚科技有限公司等都提出相关建议。

第四，进一步完善知识产权保护、加强知识产权保护力度。四川雄者酒业有限公司、广元紫阳农林工业有限责任公司、四川中投亿星新能源科技有限公司、四川供源科技有限公司、成都明泽机电有限公司和成都市智讯联创科技有限责任公司都提出相关建议。四川中投亿星新能源科技有限公司认为，加强知识产权保护有利于保证企业的经营安全。科技型企业大多处于科技创新的前沿，加强知识产权保护，可以使其独享知识产权带来的市场利益，规避侵权风险，提升企业经营的安全性。四川供源科技有限公司认为，加强知识产权保护能够提升企业在合资合作和商务谈判中的地位。企业利用自主知识产权可实现增资扩股、质押融资、许可使用、建立产业联盟等，提高企业在合资合作和商务谈判中的地位。成都明泽机电有限公司认为，企业在受到知识产权侵权时，解决途径太复杂烦琐，也不能得到最有效的赔偿，希望能够将程序优化。成都市智讯联创科技有限责任公司建议，健全知识产权保护制度，保护创新主体的利益，特别是向创新人才倾斜，加大侵权打击。

第五，完善知识产权能力建设的社会服务体系。例如，成都市智讯联创科技有限责任公司建议加大知识产权交流平台建设，提供投资人与发明者的对接渠道。

在访谈中，成都市智讯联创科技有限责任公司除了就加强知识产权保护、知识产权培训和强化社会服务等提出建议外，还指出知识产权管理能力的提升需要大环境，建议降低创新成本，鼓励更多人才和各类主体参与创新；建议提升知识资本化程度，在知识产权资本化方面予以鼓励扶植。

第三节 调研结论

一、企业处于成长初期、政府宣传不到位直接制约了四川科技型小微企业知识产权能力建设

从表面上看，企业对知识产权能力建设的重视不足，直接影响

了四川科技型小微企业知识产权能力建设水平。这与企业成立时间短、政府宣传不到位有直接关系。

一方面，四川科技型小微企业多处于成长初期阶段，知识产权意识有待提高。知识产权是企业对其拥有的智力成果所享有的权利，作为企业的无形资产，它拥有交换价值和使用价值双重属性，能够为企业带来经济效益。[①] 科技型小微企业的知识产权主要是指企业在生产经营过程中积累的智力、技术成果，包括企业的品牌名称、图形设计、注册商标，以及新产品、新技术，包括企业从其他企业购买或引入的专利技术等。[②] 四川多数科技型小微企业成立时间不长，仍有部分科技型小微企业虽然有技术创新成果，但基于申请条件和程序障碍或者企业决策等主客观原因，未形成以专利为主的知识产权（除了作为技术秘密予以保护的以外），更不要提形成以核心专利为基础的保护完善、防御高效、市场占有率高的企业知识产权体系。以至于这些企业对知识产权能力建设问题认识不充分，风险防控能力不高，从根本上制约了科技型小微企业的可持续发展。

另一方面，面对四川科技型小微企业对加强知识产权能力建设普遍认识不足的情况，政府的宣传力度仍显不足。企业对于国家和地方关于小微企业融资、自主创新、成果转化、知识产权保护和管理等方面的法律制度和政策不了解、认识模糊。政府对于推动科技型小微企业知识产权能力建设的法律法规和政策措施的宣传力度仍需进一步加强，确保及时、全面、系统地解读科技型小微企业扶持政策。

---

① 冯俊华、王英、张丹阳：《科技型小微企业知识产权战略研究》，《财会通讯》2015 年第 21 期。
② 张武军、魏欣亚、任燕：《科技型小微企业知识产权保护研究》，《科技进步与对策》2014 年第 2 期。

二、企业自主研发成本高是四川科技型小微企业知识产权创造能力提升的障碍

自主研发是四川科技型小微企业主要的技术创新途径。而自主研发需要高效的研发团队、充足的研发资金、精准的科研设备和材料等硬件设施。与大中型科技型企业相比，科技型小微企业在人、财、物等方面的局限性决定了其自主研发的能力和规模都有限。为了维持企业正常经营，企业通常是在扩大盈利和拓展市场方面大量投入资金和人力等资源，导致其在投入资金进行技术研发和创新时捉襟见肘，这也是大多数企业反映的自主研发成本高于自身拥有资金的问题制约了科技型小微企业的知识产权创造能力。同时，外部政府的扶持力度不够，融资渠道单一、融资困难等因素也使得科技型小微企业的技术再创新较为困难，制约了科技型小微企业进一步的技术创新。

三、资金投入和扶持力度不足是四川科技型小微企业知识产权运用能力提升的障碍

知识产权的运用是通过对商标、专利等知识产权的使用、转让、许可等行为，将技术产品的价值转化为企业商品或服务的价值。[①] 专利研发、专利实施、专利产业化是发明专利转化通常需要经过的三个阶段。发明专利的最终价值是在市场上获得价值实现，专利实现价值的最高目标便是专利产业化。[②] 调研发现，不少企业的科技成果

---

① 马力、陈子薇、常贻铭：《我国科技型小微企业专利发展战略研究》，《组织与战略》2016 年第 1 期。
② 朱瑞博等：《促进中小科技企业发明专利的扶持与服务措施研究》，《科学发展》2012 年第 5 期。

未能实际转化，除了程序障碍、时间因素等原因以外，缺乏资金和政府扶持，是四川科技型小微企业技术成果的实施和转化效率较低的原因。一方面，受资金、人才等条件所限，小微企业在核心技术创新成本及产品创新的风险承受上十分吃力，这使得科技型小微企业的科技成果转化率较低；另一方面，四川省已于近年启动了科技成果转化综合服务平台的建设工作。但调研结果显示，科技型小微企业未能充分有效了解、利用该平台，企业所研发的相关技术成果未能有效实际转化，造成资源的浪费以及自主研发热情的降低。

四、知识产权保护的程序困境是四川科技型小微企业知识产权保护能力提升的障碍

一方面，专利申请、审批程序耗时、费力，科技型小微企业在投入大量的时间成本等待技术成果获得专利授权的同时，还面临着不被授予专利权或专利权被宣告无效的风险。

另一方面，在专利侵权诉讼中，以专利无效宣告请求为由申请中止审理，是被告的应诉策略。统计数据显示，《最高人民法院公报》收录的部分专利无效案例在程序上经历了专利复审委宣告无效，法院一审、二审、再审。专利复审委无效决定的支持率随着行政诉讼审级的提高呈下降趋势，当事人选择上诉、申请再审的比例居高不下。随着侵权案件被告对无效宣告程序的恶意使用，被告不止一次以专利无效宣告请求为由请求法院中止案件审理。可见，民事、行政二元分立体制下专利侵权诉讼因专利无效宣告请求而中止，既降低了司法效率，又浪费了司法资源。

五、制度不完善、机构不健全是四川科技型小微企业知识产权管理能力提升的障碍

其一，四川科技型小微企业在知识产权的管理方面处于粗放状态。企业的知识产权管理能力，主要表现为企业建立、实施和运行自身知识产权管理体系，并在运行中不断根据自身实际需要持续改进，用以保持该体系持续有效，并形成相应书面文件，从而促进企业技术创新和成果转化，防范知识产权风险，提升核心竞争力，支撑企业持续平稳发展。调研显示，相关企业负责人对知识产权管理对科技企业实现知识产权战略的重要性认识仍显不足，较少出台相关专门的知识产权管理制度。即使企业出台了相关制度规范，但内容缺乏针对性，按照政策或者其他企业的制度模板依样画葫芦的情况并不鲜见。且因科技型小微企业普遍经营时间不长，制度实施中的问题和漏洞不能被实践检验，一旦出现知识产权风险和管理漏洞，极易引发连锁反应，成为企业维持正常生产经营的重大障碍。

其二，企业在寻求咨询时往往是"问题导向"。当企业新研发的某项专利成果需要申报知识产权或者发现某一技术成果或者知识产权遭到侵害时，咨询相关事务专业人员如何顺利获批知识产权、如何避免可能发生的侵权风险或者如何救济已经出现的侵权损害。换言之，企业将咨询的律所律师、专利事务所的专利代理人多视为"救火队长"或者问题顾问的角色。在日常的生产经营中对技术成果申请专利、专利的管理、产权归属等问题未予以应有的重视。

其三，多数科技型小微企业因为企业规模较小，实际中遇到的知识产权事务并不多，企业的职工都是人尽其用，不愿多配置一个较为"空闲"的知识产权专员职位，多是聘请企业法律顾问充当知识产权管理人员或者在遇到相关专业问题时咨询外面的专业人员。即使有企业配备了知识产权专员，也存在由法律顾问、部门负责人员兼任的情况，日常生产经营中对知识产权的管理体系重视不够。

第四章 四川科技型小微企业知识产权能力建设困境的原因分析

虽然经调研发现，企业处于成长初期、知识产权意识不足、政府的宣传和引导不够，直接制约了四川科技型小微企业知识产权能力建设水平的发展，但要从根本上提升四川科技型小微企业知识产权能力建设水平，破除企业经营成本上升、税费偏高、融资困难、人才流失大、抗市场和法律风险能力弱等发展困境，需要从制度层面深挖根源、找准"病因"。

第一节 企业知识产权创造能力建设困境的原因

一、融资成本高，融资渠道不畅

技术的自主研发成本高是制约科技型小微企业知识产权创造能力的短板。企业自主研发成本过高，一部分原因在于企业自身的资金能力有限。融资渠道不通畅，融资难、融资贵，是制约科技型小微企业知识产权创造能力的重要制度因素。近几年随着中央、四川对于小微企业的重视以及创建科技型企业的号召，再加上科技型小微企业的创收以及吸纳就业人口的能力，各地政府都会在政策上对科技型小微企业给予一定的优惠。例如，在高科技产业园区内租金的优惠、减免，创业初期的纳税优惠，对高新产业的宣传推广等，但这样浮于表面的优惠措施对于科技型小微企业来说却并非是所急需。对于科技型小微企业而言，无论是进行技术研发还是产品开发，在小微企业产品迈向产业化的每个步骤，都需要以大笔资金作铺垫，小微企业除了自有资金和内部关系筹资以外，主要依靠银行的融资信贷。但科技型小微企业的特性决定了它们的融资信贷灵活、分散、时限性以及存在较高的风险性。企业研发初期的材料设备购买及人员招募等都需要准备充足资金。而且科技型小微企业以知识产权和技术为主，实体资产较少，抵押物匮乏使得其缺少必要的融资担保，难以及时、持续地获得银行贷款，即使能获得贷款，也无法享受基准利率。在企业融资不足的条件下，企业自有资金才是其进行研发的主要资金来源，很多科技型小微企业根本无力从事较大规模的研发和创新活动，只能固守原有的技术，缺少核心竞争力，抗风险能力不强，因资金链断裂或外部竞争激烈而破产或倒闭的风险较大。此外，四川从小微企业融资出发，解决小微企业研发费用的问题，注重融资担保体系的建设，但未对保险机构在小微企业融资中的风险分散作用引起足够重视，这对解决小微企业进行知识产权创新工作而言有害无益。

二、科研项目申请难，创新扶持项目引导不到位

一方面，即使科技型小微企业拥有研发能力，但在科研项目申请和基金资助方面并不具优势。创新是科技型小微企业生存发展的唯一途径，其创新动力甚至强于大型企业。但面对大中型科技企业这些强劲对手，科技型小微企业普遍面临项目资助申请、审批难题。

另一方面，随着鼓励"双创"的政策导向，地方政府出台的旨在鼓励小微企业申请资助的创新扶持项目种类繁多，却不必然明确技术归属、专利申请结项等要求。面对一些考核评价要求不高的"政绩"项目，科技型小微企业通过产学研结合的申报形式，比较容易获批此类政府资助项目，继而享受资助款和优惠政策。而一旦通过审批，多数科技型小微企业与大学、科研院所的合作并不密切，甚至没有实际合作，进而影响企业的实质性创新活动。

三、缺乏人才引进渠道，人才容易流失

缺乏创新人才引进渠道，人才流动性大，也是影响科技型小微企业知识产权创新能力的原因之一。较高的工资及福利待遇对于短小精悍的科技型小微企业来说是重要的成本支出。多数科技型小微企业本小利薄、抗风险能力弱，年销售收入和注册资本均处于较低水平，对科技人才的吸引力不强，技术改造及开发稍显滞后，产品品质和科技含量整体尚弱，自主品牌及核心技术仍处于缺乏状态。企业为争夺市场份额而选择恶性杀价竞争，为降低成本只能降低产品品质。恶性循环之下，企业利润微薄甚至无利可图，生存期限普遍较短，更别提广泛吸引科技人才、稳步提升创新能力。

第二节　企业知识产权运用能力建设困境的原因

一、技术成果转化成本高，各种资本参与度不高

技术成果转化环节的资金缺乏是制约四川科技型中小企业技术成果转化的瓶颈。创新和知识产权管理的目标是实现创新成果的应用和企业的产业化发展。作为高新技术成果的研发以及实际的转化，资金仍是整个流程的核心，科技成果的研发到投入市场需要一定的时间周期。而以科技成果为核心的小微企业在科技成果实际转化创收过程中，资金回转周期较长，而这段时期内，资金的缺乏极易影响企业进一步研发成果的转化。为了满足成果转化的资金需求，企业需要借助融资渠道，但调研显示，金融资本、民间投资、地方政府和其他投资者参与四川科技成果转化的程度仍显不足。银行等信贷机构未能建立比较完善的信贷评估体系，对于科技型小微企业的特殊情况了解不多，技术转移过程风险投资机构参与度较低；尚未完成产品化开发的成果对社会资本吸引力低；政府对于小微企业的政策资金扶持也未能具有针对性，使得大多数科技型小微企业不敢投入过多资金用于科技成果的研发。

二、技术成果转化服务平台未能有效落地

虽然四川正在积极倡导科技成果转化综合服务平台，并意图在科技成果转化体系中吸纳服务能力强、专业化水平高的第三方服务

机构，借以加快企业技术成果转化速度，让其更快速地为市场所吸收。但通过调研发现，大多数科技型小微企业未能有效地了解、利用该平台。究其原因，其一是政府、科研主管部门等未能及时向科技型小微企业予以宣传、政策引导。其二是现阶段科技成果转化服务平台刚建立不久，相关制度政策具体操作性有待加强，缺乏有效针对科技型小微企业技术主导性强、技术成果转化率要求高的特性而出台具体政策，未能有效带动科技型小微企业积极使用该平台进行科技成果转化。其三是平台的服务对象包括科研院所、高校和大中型企业，科技型小微企业并不具有明显的竞争优势。

三、技术成果转化程序机制不健全、知识产权价值实现方式少

一方面，技术服务市场机制在监督、评估和风险控制等方面尚不完善，尚需加强对成果交易的规范管理，避免成果外流、被抢占、低质成果在市场上鱼目混珠，提升科技型小微企业转化科技成果信心和动力。①

另一方面，知识产权的交换价值实现途径狭窄，不利于科技型小微企业充分利用知识产权转化效益。质押融资、许可转让、出资入股等方式都是企业知识产权价值实现渠道。知识产权质押融资已成为当前解决科技型小微企业资金需求的重要举措。但知识产权质押融资面临评估难、处置难、变现难等问题，质押融资风险补偿机制不完善，科技型小微企业成果转化障碍重重。

---

① 夏涛：《莫让科技成果变为"陈列的果实"》，《人民政协报》2015年6月11日第3期。

四、政府引导动力不足，不同部门之间的职能衔接不够

科技成果的转化是科技行政管理部门职能的"后端"，产业主管部门的"前端"。以科研项目为例，科研项目的立项和评审工作由行政管理部门组织进行，项目款项来源于财政部门拨款，研究工作则由创新主体负责。在科研项目完成验收或结项后，科技财政部门的管理工作业已完成。成果转化缺少具体的管理部门。政府部门制定的科技考核制度和职称评定制度，是以论文著作、专利和奖项作为主要评价标准。如此导向自然使得科技成果的应用、推广和市场价值被人为忽略。

第三节　企业知识产权保护能力建设困境的原因

一、知识产权授权程序复杂、周期长

近年来，科技型小微企业的知识产权意识不断提升，对知识产权法律保护也越发重视。但多数科技型小微企业面临着"有心无力"的尴尬境地。申报专利、商标等知识产权需要经历烦琐的审批程序，审批周期长，且存在不能获批的风险，间接削弱了企业申报知识产权的积极性。为了尽快稳定经营，企业往往是研发出新产品后尽快投入生产，仅通过与技术人员签订保密协议的方式保护技术成果，防止技术成果和资料外泄，侵权风险高。

二、知识产权侵权救济不足

科技型小微企业的知识产权一旦受到侵害，面临多重法律风险，多数不能获得充分救济。知识产权侵权损害赔偿额度有限，受害企业救济不足。我国相关法律对知识产权的民事损害赔偿的计算方法有实际损失赔偿、违法所得赔偿与法定赔偿三类。其中，法定损害赔偿是在穷尽前两种计算方式仍不能确定损害范围时的最后选择，由法官在审查侵权案件各主要情节后酌定赔偿数额。例如，根据《专利法》第 65 条及相关司法解释，有些专利侵权案件中涉案侵权人因侵权所得利益、权利人因侵权所受损失及该项专利的许可使用费难以得到充分证据证明，人民法院可将侵权行为的性质和情节、专利权的类型等作为衡量因素酌情判决给予权利人 1 万～100 万元的赔偿。实践中已出现了法定损害赔偿适用泛化的趋势。[1] 相关实证研究表明，随着年份的增加，我国专利侵权损害赔偿额呈下降趋势。[2] 在我国知识产权保护水平远低于发达国家[3]的大背景下，损害赔偿数额低更加不利于抗风险能力弱的科技型小微企业的知识产权保护。

三、专利、商标无效宣告程序引发民事侵权诉讼中止困境

在知识产权中，除了著作权、商业秘密外，专利权和商标权的获得需要履行必要的行政审批程序。基于行政公定力理论，我国对

---

① 王宏军：《知识产权法定赔偿的初始风险》，《知识产权》2015 年第 8 期。

② 贺宁馨、袁晓东：《我国专利侵权损害赔偿制度有效性的实证研究》，《科研管理》2012 年第 4 期。

③ 詹映：《我国知识产权保护水平的实证研究——国际比较与适度性评判》，《科学研究》2013 年第 9 期。

专利权和商标权的诉讼采取公私法分离的司法二元模式。即专利权和商标权的效力（确权案件）由行政诉讼程序解决，专利权和商标权的侵权纠纷则由民事诉讼程序解决。专利权和商标权的司法保护和行政保护"双轨制"，将会导致专利权和商标权的民事侵权诉讼因专利权、注册商标的无效宣告请求而中止审理，并等待行政确权案件的审理结果。作为应诉策略，被告一般会在专利权或者商标权侵权纠纷中提出原告专利权或者注册商标的无效宣告请求，不利于专利、商标侵权案件的处理，易使案件审理周期冗长，当事人的合法权益难以获得及时救济。以专利为例，据统计数据显示，专利复审委无效决定的支持率随着行政诉讼审级的提高而降低，当事人选择上诉、申请再审的比例高。部分专利无效案例经历了专利复审委宣告无效、法院一审、二审和再审程序。[1] 可见，民事、行政二元分立体制下，因专利、商标无效宣告请求导致的专利、商标侵权诉讼中止，对司法效率和资源造成了严重影响。[2] 不能为民事、行政的"分权"而降低司法效率，进而影响专利、注册商标的权利保护。专利、商标侵权诉讼应有符合知识产权审判公正、高效、权威等特点的特别程序。症结不除，实难破解专利、商标侵权诉讼"程序往复、循环诉讼"的周期长难题。

四、知识产权保险面临发展瓶颈

在我国知识产权数量飞速增长的同时，为帮助中小企业有效管控和分担知识产权风险、提升知识产权使用效益，将知识产权特性

---

① 金海军：《我国知识产权经典案例统计分析——以〈最高人民法院公报〉（1985～2014）为据》，《知识产权》2015年第6期。

② 张丽霞、刁雨晴：《外观设计专利侵权诉讼中专利无效抗辩的规制》，《天津法学》2016年第3期。

和保险制度的补偿及普惠优势相结合的知识产权类保险应运而生，但在发展上还有待改进。责任范围的不同是知识产权保险区别于普通商业责任险的关键。普通商业责任险多在除外责任中列明知识产权风险，专利权及其产生的相关法律责任正是普通商业责任险的重点排除对象。即使有小部分普通商业责任保险将知识产权风险勉为其难纳入保险范围，但也同时在责任免除和索赔金额上加以限制。而专门的知识产权保险不仅拥有多样化、专门化的险种，还能对法律责任、诉讼费用和知识产权维护的风险进行一站式规避。① 2011年开始，受国家知识产权局委托，人保财险分阶段推出了三款专利保险系列产品：专利代理人职业责任保险、专利执行保险和专利侵权保险。同时，将知识产权保险试点工作陆续落实到我国 27 个地市。可虽有政府大力推广专利保险，但因专利保险自身存在的程序杂、耗时长等问题，难以有效调动企业的兴趣。② 而且，知识产权保险产品的开发在市场数据调研和风险评估方面要求较高，导致许多保险公司在开发知识产权保险上出现有心无力的状况，这正是现阶段我国知识产权保险发展面临的瓶颈。③

第四节　企业知识产权管理能力建设困境的原因

一、企业对知识产权管理的认识不充分

一方面，四川科技型小微企业对知识产权管理的重要性认识不

---

① 许舒婷：《知识产权保险缘何"叫好不叫座"》，《中国保险报》2013 年 9 月 5 日第 007 版。
② 肖冰：《知识产权保险之困的成因分析与对策研究》，《科技进步与对策》2015 年第 5 期。
③ 苏长春：《知识产权保险缘何叫好难叫座》，《北京商报》2014 年 7 月 23 日第 E03 版。

足。所谓企业知识产权管理，是指企业以符合自身发展需求及特色为标准建立知识产权管理体系，以内部审核的检验方式，在达到预设目标后持续进行改进和完善工作，从而提高企业自身的知识产权管理能力，实现增大竞争优势的目标。[①] 科技创新、经营发展和知识产权战略在企业知识产权管理的作用下被有机结合，相互促进和支撑。而这其中的关键点便是最高管理者的积极支持和参与。但科技型小微企业经营规模小、组织机构简单、产品和核心技术未形成体系及规模，都直接决定了企业的负责人员对知识产权管理的重要性认识普遍不深入。为了确保企业能"生存"，企业的经营决策重心多是放在有形资产和产品销售上，难以投入较多人力和物力去建立完备的企业知识产权管理体系。

另一方面，企业对知识产权管理的认识存在误区。有的科技型小微企业虽然对知识产权管理有认识，但更多表现为事后管理，而非事前防护。知识产权管理的一个重要内容是企业在对自身知识产权基本情况和风险进行评估后，能得到有利于企业进一步发展知识产权的方针和改进建议，防患于未然。同时，科学地管理企业知识产权，使企业认清自身所有的知识产权数量、内容等情况，明确他人的权利界限；便于企业将知识产权的相关资料分类保存，为企业维权提供证据储备；明晰技术成果的权利归属，最大限度地降低因人员流动、资产流转而引发的法律风险。总之，作为一种事前防护措施，知识产权管理能够最大限度降低知识产权维权成本、科学制订维权方案。而目前多数科技型小微企业往往是在遇到相关知识产权申报或者知识产权纠纷时，才会通过咨询专业人士，处理证据保

---

① 赵建国：《规范企业知识产权管理是提升实力之道》，《中国知识产权报》2015 年 8 月 5 日 2 版。

全和起诉应诉等各项烦琐问题。

二、知识产权管理的社会化服务机制不健全

相关知识产权管理的配套社会服务未能及时跟进，还未建立提供知识产权管理咨询等专门性服务机构，专业知识产权管理服务平台亦未落实。

首先，要提升知识产权管理能力，离不开专家服务。与大中型科技型企业相比，专利代理人及其他服务机构人员在科技型小微企业知识产权管理上的参与度仍显不足。

其次，科技型小微企业在知识产权行业协会的参与度不高，会对企业间专利信息共享、联合维权、管理咨询、协同运用产生不利影响，阻碍科技型小微企业知识产权管理意识和能力的提升。

最后，如何有效地与企业内部的其他部门形成有效的协调，与知识产权服务部门、知识产权维权部门、社会服务保障部门等有效地衔接，也是企业建立健全知识产权管理制度亟须解决的问题。

三、政府的联系、辅导工作的深度和广度不足

与大中型科技型企业，特别是高新技术企业相比，科技型小微企业知识产权管理制度工作在国家和地方相关政府部门的工作内容上尚且欠缺，相关部门对政策解读、知识产权维权援助等工作的深度和广度都显不足，使得现阶段四川科技型小微企业的知识产权能力建设缺乏动力牵引和制度后盾。

第五节　小结

综上所述，知识产权战略意识有待提升；企业融资渠道不通畅，融资难、融资贵；政策落实的深度和广度不够、宣传引导不到位；知识产权确权、侵权的程序障碍尚未破除；科技型小微企业的社会服务机制有待进一步健全等，都是造成四川科技型小微企业知识产权的创造、运用、保护和管理能力不足的症结。因此，亟须完善相关激励、扶持机制和保障措施，为科技型小微企业进行知识产权能力建设提供动力牵引，提升其建设水平，破解四川科技型小微企业当前面临的运营成本高、融资难、抗风险能力弱等难题。部分对策需在立法层面以法规范的形式加以固定，通过明确的权力和职责划分对其确认，并辅以有效的协调交流机制进行保障；余下部分则可以通过灵活、应时的政策加以调整和落实。

第五章　典型国家和我国部分省份科技型小微企业知识产权能力建设的经验及启示

第一节　典型国家促进小微企业知识产权能力建设的现状及经验

西方发达国家，以及部分实行工业化的发展中国家，都把知识产权作为经济发展的重要支柱。

一、美国对小微企业知识产权能力建设的支持现状

美国小微企业的数量超过 2700 万个，销售额在全国销售额中的占比与国民生产总值中其创造的经济价值相同，均为 50%，这与美国拥有完备的知识产权保护体系密不可分。美国现在的知识产权法律体系主要由《版权法》《商标法》《专利法》《反不正当竞争法》

等构成，主要内容包括对版权、商标、商业秘密及专利等七大类知识产权的法律保护。

为提升小微企业的知识产权创造能力，美国在税收方面给予了小微企业多种优惠，主要体现在降低税率、自主纳税、抵免税收三方面。降低税率指的是美国将针对小微企业的企业所得税以个人所得税——25%的标准征收，并将小微企业的资本收益税税率下调为20%。自主纳税是美国赋予雇员人数低于25人的小微企业自主选择纳税方式的一项优惠政策。满足该条件的小微企业可直接缴纳公司所得税，也可选择采取将利润并入股东收入缴纳个人所得税的方式纳税。抵免税收主要是为鼓励小微企业增加科技投入，加大投资而设置的优惠。对小微企业征税时，国家根据企业科研经费的增长额抵免税收，并对正处于新设或初创期的小微企业出资购置设备提供抵扣税额优惠。若购买的新设备为3年使用年限，则在缴纳税款时可以按设备购入价格的6%抵扣当年应缴税款。若使用年限在5年以上，则按购入价格的10%抵扣。此外，因实施小企业创新研究项目（SBIR），每年，有小企业参与的具备较大商业化潜力的联邦科技项目被核发的款项会占据美国相关联邦政府部门研发预算的2.5%。并且，美国投资公司、保险公司、基金等金融机构业务范围灵活，且不受美国政府对其资金流的过多管制，为小微企业进行创新研发从资金方面提供了重要保障①。

在知识产权运用能力方面，美国作为世界上成功运用产学研模式的最大经济体，其主要通过对产学研模式的完善来促进企业科研成果转化。通过制定多项政策和资金支持，促进高校和科研机构与

---

① 朱新蓉、李虹含、杨英杰：《通货膨胀背景下科技型小微企业融资策略新思考——美国和日本的经验借鉴》，《科技进步与对策》2013年第13期。

小微企业进行合作研发和技术转化，从而提升小微企业的知识产权运用水平。

在知识产权管理能力方面，美国的小微企业社会服务体系发展成熟。迄今为止，美国已经建成小企业管理局和多种服务机构共同构成的社会服务体系，该体系以专业化的知识产权管理和运用为主要服务内容为小微企业的发展提供支持。

在知识产权保护能力方面，美国对小微企业知识保护能力的支持和鼓励措施具体体现在其实施的"二十一世纪知识产权战略计划"和行政审批期限缩减工作中。"二十一世纪知识产权战略计划"致力于培养专业的知识产权保护工作人才，意图通过提升相关人才素质提升知识产权保护质量。而行政审批期限的缩减，则旨在提升知识产权审批效率，从而实现知识产权保护工作的保质保量。

二、日本对小微企业知识产权能力建设的支持现状

日本是"中小企业之国"，日本企业中 99.7% 的企业都是中小企业（包括科技型小微企业），具体数量约为 469 万家。因此，日本十分重视对中小微企业的支持和保护，并以立法的方式将之法定化，形成了完备的中小微企业法律保障体系。日本现今的知识产权法律体系由《专利法》《外观设计法》《商标法》《版权法》《商法》《实用新型法》《不正当竞争防止法》《禁止独占法》等法律构成①。除此之外，为支持中小微企业的进一步发展，日本还有针对性地制定了《中小企业基本法》《中小企业支援法》《中小企业融资畅通法》《中小企业信用保险法》《中小企业经营力强化支援法》《中小企业

---

① 赵亚静：《我国中小企业知识产权建设政策体系研究》，东北师范大学 2012 年硕士论文第 25 页。

金融公库法》等特定法律法规①。

为提升日本企业知识产权创造能力，日本针对小微企业主要实施减少税率、减免税收、折旧抵免三大税收优惠政策。减少税率主要指降低小微企业法人所得税税率（即公司所得税）。与大企业37.5%的税率不同，日本仅以28%作为税率向低收入的小微企业征税。减免税收主要指小微企业购置新设备时投资减税。该项政策主要适用对象为用于试验研究费用高于销售额3%及创业不达5年的中小微企业，旨在鼓励人们积极设立中小微企业，鼓励已设立的中小微企业进行试验开发和技术研究。折旧抵免适用于租借和新购进设备的中小微企业。在不超过当年应税额的前提下，企业可以选择以购置或租借设备价格的30%进行首提折旧，可选择抵免以购置或租借设备价格7%的法人税。此外，日本还特地建立了信用保证协会和中小企业信用保险公库，用来为小微企业贷款提供担保，提高小微企业贷款成功率。国民金融公库、商工组合中央金库及中小企业金融公库都是作为小微企业免担贷款和长期低息贷款的供给机构而存在。

在知识产权运用方面，日本政府十分注重提升大学和研究机构的科研环境，推进其与小微企业的合作，用以落实其"世界性的研究开发"的战略举措。具体而言，主要是从政策鼓励、资金支持等方面鼓励小微企业加强与高校及科研院所在成果转化上的合作。

在知识产权管理能力层面，日本构筑的是由政府牵头，金融机构主导，多种行业组织参与构成的中小微企业社会服务网。政府部门以日本中小企业厅为代表，非盈利的中小企业服务机构则以全国

---

① 郑春美、许玲玲、胡肖夫：《国外促进科技型小微企业发展措施及对中国的启示》，《科技进步与对策》2013年第18期。

中小企业团体中央会及中小企业协会为典型，将法律咨询、员工培训等作为服务内容向日本小微企业提供，为日本小微企业的发展提供了坚实后盾，打下了牢固基础。

在知识产权保护能力方面，日本设置了不同的机构和协会分管知识产权保护的不同工作。通户省和特许厅分管知识产权的总体把控和具体处理工作。全国知识产权保护中心负责处理解决各类知识产权纠纷。由多家企业和团体联合组成的国际知识产权保护委员会则负责研究日本小微企业的海外知识产权纠纷解决方案。可见，日本的政府机构和民间协会分工负责，合力推行小微企业的知识产权保护建设。

三、韩国对小微企业知识产权能力建设的支持现状

韩国是典型的引进创新型国家，韩国与我国的科技创新都起步于 20 世纪 60 年代①，而韩国之后在知识产权方面的发展速度却远快于我国。至今，韩国已有《专利法》《外观设计法》《商标法》《实用新型法》《版权法》《计算机程序保护法》《半导体电路设计法》《海关法》《不正当竞争防止与商业秘密保护法》等保护知识产权的法律。并且，韩国还在 2001 年修改了七部知识产权法律以适应 TRIPS 协议。

韩国政府不仅每年投资约 10 亿美元用于知识产权建设。在企业知识产权创造能力上，韩国还采取政府引进吸收先进技术与企业自主研究开发相结合的政策：一方面，韩国为让企业能引进自身所需技术而减少了对引进技术的限制要求；另一方面，韩国政府着力加

---

① 赵亚静：《典型国家中小企业知识产权建设经验及其对我国的启示》，《内蒙古社会科学（汉文版）》2013 年第 2 期。

强与企业间合作，合力加强产品研发。此外，韩国专利信息协会以知识产权信息服务作为内容向有需求的企业提供；科技信息协会备有先进技术的数据库供企业进行研发时进行技术信息分析；韩国发明促进协会则致力于鼓励学生进行发明创造和推广。可见，韩国已形成较为完善的企业知识产权创造能力的规定。

在知识产权运用能力上，韩国知识产权局扮演了"搭桥人"这一重要角色，出面与以韩国友利银行为代表的金融机构以及科学技术研究院为典型的研究机构签订了协议，约定后者为韩国科技型中小微企业的技术评估提供资金支持。根据该协议，若企业经技术价值评估合格，则其在无固定资产担保的条件下也能从协议相关金融机构取得贷款①，放宽了企业进行技术成果转化的门槛，减少了企业进行技术转化的困难。

在知识产权管理能力上，为加强对小微企业的服务，韩国主要采取的是"政府"服务方式。一是委派专利审查员，二是组织专家团队。一方面，韩国政府会根据企业需求，借由知识产权局向相应企业委派适宜的专利审查员，为该企业提供知识产权管理方面的指导和服务②；另一方面，韩国政府还会组织相应的专家团队，旨在通过对小企业所持技术知识产权的分析评估为小企业之后的知识产权战略部署提供理论路径③。该环境唤起了韩国小微企业建设自身知识产权管理能力的热情，使该国小微企业的企业知识产权管理水平迅速提升。

在知识产权保护能力上，一方面，韩国加大了对知识产权案件

①　方红舟：《试论我国的中小企业知识产权保护》，《绵阳师范学院学报》2009 年第 7 期。

②　李方毅、郑垂勇：《国外知识产权促进科技型小微企业发展的经验与借鉴》，《科学管理研究》2015 年第 5 期。

③　冯晓青：《企业专利战略基本问题之探讨》，《河南社会科学》2007 年第 3 期。

的法律援助的力度，明确规定借助专利律师协会处理专利等知识产权纠纷的小微企业，可通过向知识产权局申请获1.1万~2.1万美元的诉讼资助；另一方面，韩国着力提高知识产权纠纷的应对和处理效率，于2007年确定了12项旨在探索缩短专利审查及复审周期、完善专利审查和复审制度的重点课题，用于加速专利审查，提升专利处理效率。

四、德国对小微企业知识产权能力建设的支持现状

德国是欧盟的重要成员国之一，也是世界贸易组织的一员。相应的，其知识产权法律体系可以分为两部分。一是德国自己颁布的《实用新型专利法》《专利法》《商标法》《雇员发明法》和《外观设计法》等法律。二是其基于成员国身份应当遵守的欧盟和世界贸易组织颁布的知识产权相关协定和条约。就内容而言，一方面，德国侧重解决知识产权中的重要问题。如德国早年颁布的《雇员发明法》便清晰地确定了企业与雇员之间在发明权属上的沟通和处理方式；另一方面，德国也重视法律制度的适应性，根据时代发展变化和政府管控需求对知识产权法律制度不断进行调整和修订，及时给予基因技术等新兴事物法律保护。总体而言，德国的知识产权法律制度已比较完善。

在知识产权创造能力方面，德国主要从资金投入和税收优惠上弥补小微企业研发经费不足的短板，而创新平台的搭建则主要依靠高校、小微企业和科研机构联盟计划。资金投入上，德国政府每年投入的资金能在科技创新和发明资金中占1/3的比例。例如，由联邦政府投资和北威州政府出资一同设立的JULICH研究中心便享受着政府每年拨付的上亿欧元预算资金。税收优惠上，德国对小微企业

的优惠力度大，部分企业获得的利润直接采取免税政策。如欧洲研究中心所获企业赞助及经营所得利润均在免税范围之内。

在知识产权运用能力方面，德国的中小企业创新技能计划、中小企业创新核心项目等均带有"产学研"性质，根据这一系列计划结成的高校、小微企业和科研机构联盟是德国小微企业进行知识产权成果转化运用的重要平台，是德国小微企业知识产权运用能力提升的重要成长素。

在知识产权管理能力方面，各国既注重小微企业自身知识产权管理能力的直接提升，也注重从侧面为小微企业提供信息助力其做出合理的知识产权管理决策。为提升企业自身管理知识产权的整体能力，德国设置了大量的技术管理培训中心，用于免费培训小微企业高层管理人员和重要技术骨干，提升其管理知识产权的能力和水平。为提高小微企业知识产权管理战略的合理性，德国设立了联邦促进咨询系统和数据库，用于提供小微企业所需知识产权查询和咨询服务，侧面加快小微企业知识产权管理能力的成长步伐。

在知识产权保护能力上，德国主要从司法制度的设计上提升小微企业知识产权保护质量。德国采取侵权诉讼和专利无效诉讼分院审理、专利侵权与侵权赔偿分别进行的设计，从司法层面加快小微企业知识产权案件处理速度，提升德国保护知识产权的力度和水平。并且，这也在无形中对小微企业采取法律方式捍卫自身知识产权起到了激励作用，提高了小微企业知识产权保护能力的整体分值。

五、小结

不难看出，以上典型国家在鼓励和支持小微企业知识产权能力建设时具体措施各有特色，难分伯仲，但仍不乏共同之处可供借鉴。

一言以蔽之，典型国家增强自身知识产权能力建设的法宝不外乎以下五点：一是在立法上为扶持小微企业进行知识产权能力建设提供法律依据；二是采取税收优惠和院校结合的方式加速企业创造能力提升；三是从成果转化上提升企业知识产权运用能力；四是采取组织抱团方式为企业进行知识产权管理提供服务；五是多角度保护企业知识产权。

立法上，无论是美国、日本还是韩国，都将支持小微企业发展的各项政策或措施上升到立法层面，日本还专门针对小微企业专门出台了多项特定法规，旨在实现鼓励和支持小微企业发展有法可依，意图为小微企业发展提供坚实后盾。具体而言，各国在支持小微企业进行知识产权创造能力建设上，多是在税收优惠等资金工作方面浓墨重彩。美国的降低税率、自主纳税、抵免税收三大政策，日本的减少税率、减免税收、折旧抵免优惠政策等，都是保障小微企业利益的重要渠道。除税收优惠之后，解决小微企业资金不足问题的典型措施还有美国的保险机构、韩国的技术协会等。

在知识产权运用能力方面，各国多是从促进企业成果转化出发，以院校合作的"产学研"模式为依托，借力科研院所和重点高校的强大转化实力，提升小微企业的知识产权运用能力。这既有利于小微企业充分利用科研院校的资源，又便于科研院校提高自身科研能力，将研究成果直接转化为可供市场交易之物，实现双方互利共赢。

在知识产权保护能力上，各国虽然采取的具体方式有所差异，但实质上不外乎两个方面。一是政府层面引导发力，从司法制度、行政审批等方面提升小微企业知识产权保护质量和效率，如美国、德国等。二是以帮助企业自身加强知识产权保护为目的，从提供咨询服务、法律援助等方面加速企业知识产权保护能力建设进程，如

韩国的知识产权法律援助制度便是典型。双管齐下，已是发达国家
支持企业进行知识产权保护能力建设的通行方法。

在知识产权管理能力上，则是加强各自针对小微企业的社会服
务体系建设。各国通常采取组织抱团方式，为小微企业提供服务构
建社会网络。美国采取的是小企业管理局、多种服务机构为主体的
社会服务体系；日本则是由政府、金融机构和多种行业组织合力架
构的小微企业社会服务网络；韩国主要是由政府机构提供服务，但
也不乏科学技术研究院等研究机构参与其中。

第二节　我国部分省份促进科技型小微企业知识产权能力建设的立法和政策

一、江苏促进科技型小微企业知识产权能力建设的立法和政策

江苏关于科技型小微企业发展的地方性法规为 2014 年 10 月 1
日实施的《江苏省企业技术进步条例（2014）》。该法第二十五条明
确规定了以风险补偿、贷款增量补偿、贴息的方式建立完善小微企
业技术进步贷款补偿机制，从而鼓励金融企业加大对小微企业的贷
款投放力度。现有专门针对小微企业出台的地方规范性文件多侧重
对小微企业知识产权创造能力的资金支持。例如，苏财综〔2015〕2
号文件规定减轻小微企业税收负担，对符合要求的小微企业纳税人
按规定免征教育费附加、地方教育附加、免征残疾人就业保障金、

防洪保安资金及文化事业建设费。苏政办发〔2016〕100号文件则是意在通过建立转贷基金解决江苏省小微企业融资难题的规范性文件。根据该规定，从事资本经营的国有控股平台，以及小额贷款公司、融资性担保公司等社会资本都可以参与组建基金。该转贷资金的服务对象主要为转贷规模单户500万元以下的县（市、区）域小微企业为主。为顺利开展转贷基金设立工作，江苏还具体规定了省金融办、省经济和信息化委、省财政厅具体职责。省金融办主要负责与省级银行业金融机构签署战略合作协议，推进其深入参与转贷基金设立工作。政策性融资性担保公司参与转贷基金的指导工作则由省经济和信息化委负责。省财政厅则具体负责转贷基金的风险补偿工作。根据苏政发〔2016〕26号文件，江苏规定商业银行要单列小微信贷计划，鼓励有条件的银行发行小微金融债，鼓励地方建立科技金融风险补偿资金池，设立科技信贷风险进行补偿，支持省级以上科技企业孵化器为助力科技型小微企业快速发展设立天使投资（种子）资金（基金）。① 同时，还着力构建由政府、银行和融资担保机构三家合力而成的风险共担机制，共同为小微企业的资金问题提供解决途径。

为响应江苏出台的关于科技型小微企业的法规和政策性文件，江苏各市也相应制定了关于支持科技型小微企业提升知识产权创造能力的规范性文件。其中比较具有代表性的有宁政办发〔2017〕88号文件规定了对小微企业进行结构性减税。通政办发〔2017〕23号文件则规定针对小微企业贷款转贷方式开展创新试点工作。

在知识产权运用能力方面，苏政办发〔2017〕50号文件规定了

---

① 《建设众创空间打造新引擎 引领创新创业迈入新时代》，《科技日报》，2015年4月3日，第2版。

江苏推广常熟实行的政产学研合作模式，探索构建创新"根据地"，牵头引导院校和研发机构合作互补，相应地，南京将该规定予以细化并出台宁政发〔2016〕94号文件，进一步规定推动科研院所和高校将科研设施向创业者和小微企业开放。

在提升科技型小微企业知识产权保护能力方面，江苏并未着墨太多，仅在淮政发〔2017〕60号文件中规定并强调建设小微企业发展的综合服务平台的重要性，并指出这些平台以为企业法律维权保障等综合服务为使命。可见，江苏对科技型小微企业的知识产权保护能力建设的扶持被置于企业服务平台的建设工作中。

在提升科技型小微企业知识产权管理能力方面，苏中小综合〔2015〕137号文件规定搭建中小企业公共服务平台网络、实施信息化推进工程、支持设立中小微企业转贷应急资金、建设小企业创业基地、实施中小企业知识产权推进计划及培训小微企业经营管理人员等为扶持小微企业加快知识产权能力管理和运用能力提供资金和培养人员。此外，根据苏政办发〔2017〕70号文件，江苏建设了小微企业名录系统，从而实现了小微企业的信息互联互通；常政办发〔2017〕64号文件则积极响应了省政府提出的"互联网＋小微企业"行动计划，倡导设立数字企业和"互联网＋小微企业"信息化应用服务站，力图将小微企业与现代信息化接轨，共同为江苏小微企业的进行知识产权管理提供法律和政策保障。

概言之，从立法上看，江苏专门针对科技型小微企业出台的规范性文件虽然不多，但整体上采取的是着眼大局、把握重点的方式。江苏对科技型小微企业知识产权能力建设的关注深入其对金融行业、振兴实体经济等工作中，渗透到政府工作的方方面面。各市出台的扶持科技型小微企业发展的规范性文件亦层出不穷，数量达到520

件之多，其中不乏真知灼见。江苏着眼小微企业知识产权创造能力建设中资金不足、融资不易这一最大困难，重点采取税收优惠、风险补贴、组建基金的方式解决该问题。江苏南京出台规定并开放了科研院所及高校科研设备供小微企业使用，这无疑是促进小微企业与科研院所合作进行知识产权转化的良好开端。在知识产权保护方面，江苏虽未过多强调，但帮助小微企业拓展市场，建设小微企业"走出去"战略综合服务平台正是小微企业进行法律维权，保护自身产权的重要助手。在科技型小微企业知识产权管理方面，江苏主要采取政府主导的方式。具体采取设立"互联网＋小微企业"信息化应用服务站、搭建中小企业公共服务平台网络、实施信息化推进工程、培训小微企业经营管理人员等方式，从各方面为小微企业管理知识产权成果提供咨询和培训服务。

二、广东促进科技型小微企业知识产权能力建设的立法和政策

广东针对小微企业出台的地方规范性文件共计 36 项，涉及科技型小微企业发展的方方面面。在知识产权创造能力方面，主要的代表为粤财工〔2015〕402 号文件，该文件规定了包含省中小微企业发展基金和担保股权投资基金、中小微企业融资担保基金、信贷风险补偿资金、中小微企业公共服务平台和司法救助资金等在内的广东省级扶持中小微企业资金，并将省财政厅省、经济和信息化委规定为监督该项资金运作的机关，代表政府履行相应职责。粤经信技术〔2017〕70 号文件明确规定了 2017 年广东安排 23737 万元省级工业和信息化专项资金用于小微企业信贷风险补偿、自主创新能力提升、服务能力提升、创业创新基地城市示范、人才培育方面。并且，还规定将该项目资金用于省中小微企业服务券、壮大小微企业规模上，为小微企业提供充足的资金支持，助力小微企业的发展和繁荣。同时，将省经济和信息化委、省财政厅、人民银行广州分行作为该项工作的监督指导机构，赋予其根据票据贴现服务成效对设立的"广东省中小微企业小额票据贴现中心"予以奖惩的权力，保障小微企业贴现工作的顺利开展。① 此外，粤人社发〔2012〕69 号文件规定将职业培训、岗位和社会保险三项补贴给予有困难的小微企业，同时允许其缓缴养老保险费。还在税务方面给予小微企业优惠，降低企业基本医疗保险、基本养老保险和工伤保险费率。在创新能力融资方面，粤府〔2012〕17 号文件规定了各级政府和金融监管部门对小微企业融资工作进行政策指导，从银行业金融机构、证券期货机构，保险机构、银行业金融机构着手增强对小微企业间接融资的支持力度。同时，重点拓宽建设对产权交易市场、债券市场、创业投资引导基金等小微企业直接融资渠道。双管齐下，弥补科技型小微企业进行研发创新知识产权时资金不足、融资困难这一先天缺陷。

为提高科技型小微企业的知识产权运用能力，粤办函〔2012〕624 号文件规定拓宽广东省产学研协同创新合作机制，鼓励小微企业和科研机构、高等院校、职业院校进行合作，前者可以知识产权托管、项目委托的方式与科研机构成合作，科研机构等则可采取新产品提成、技术入股的方式与小微企业合作，为小微企业提升知识产权创新水平提供平台和资源。

在提升科技型小微企业知识产权保护能力方面，广东走在全国前列。早在 2012 年，广东就出台了专门针对小微企业进行司法保护

---

① 张莹：《广东 66 亿扶持中小微企业》，《深圳商报》，2015 年 7 月 7 日，第 A08 版。

的地方司法文件——《广东省高级人民法院关于为中小微企业融资提供司法保障的通知》，为小微企业融资的司法保护提供了司法支撑。2016 年出台的粤司〔2016〕409 号文件则直接从针对小微企业的律师、公证、司法鉴定等法律服务方面加强对小微企业进行知识产权能力建设扶持力度。根据该文件，广东安排 600 万元专项资金用于帮助全省范围内的中小微企业支付其在处理纠纷过程中产生的法律服务费用，旨在为中小微企业采取法律途径保护自身知识产权等合法权益提供支持，进而避免其因涉及侵犯知识产权等纠纷而陷入经营困境。

在知识产权管理能力方面，广东不仅按照粤经信技术〔2017〕76 号文件的规定设立奖励资金 1000 万元作为金融机构开展小票贴现业务的风险补偿和对中小微企业培训、宣传推广等费用支出，用以为小微企业管理知识产权提供资金支持，还在粤经信服务〔2017〕66 号文件中规定了广东针对小微企业开展的服务券试点工作。根据该规定，服务券是广东为促进小微企业与服务机构的合理对接而发放给小微企业用于购买服务的财政补助凭证。试点地区的主管部门使用服务券管理系统确保服务券发放工作的真实合理。同时，在结合小微企业及主管部门评价的基础上引入第三方评价机制对服务机构的服务进行综合评估，以便提升服务质量。粤办函〔2012〕624 号文件针对小微企业从政务服务、全自主创新服务、中介服务、专业服务、科技转化方面做出了全面规定，提出了建设小微企业综合服务体系、中广东民企之窗网、小微企业工作协调联动机制、中小企业信息网及以移动互联网为依托的政企互动平台等具体措施。① 并

---

① 《广东省人民政府印发广东省中小微企业综合服务体系建设实施意见的通知》（粤府〔2012〕52 号）。

且，该文件还提出了完善科技特派员制度，进一步为小微企业知识产权管理能力提供助力。

从以上规定可以看出，广东对小微企业的管理制度细致全面，体系完备。在解决科技型小微企业知识产权创造能力资金支撑方面不仅从税收优惠上加以支持，还在融资方式、专项资金等方面详尽规划，多方合力助力小微企业进行创新研发工作。同时，广州还规定了成熟的院校结合研发方式，实施"产学研"长期机制，使小微企业有机会与高等院校、科研院所和职业院校的合作进行知识产权成果转化工作，使科技型小微企业知识产权运用又增一臂。在科技型小微企业知识产权保护能力建设方面，广东的规定已比较成熟，不仅早已出台相应司法文件从司法层面加强对小微企业的司法保护力度，还新出台文件规定专项资金支持小微企业以法律武器捍卫自身知识产权等合法权益，对当地小微企业知识产权保护能力跨上新台阶起到了极大推动作用。在科技型小微企业知识产权管理能力建设方面，广东大力进行小微企业的服务体系建设，其特色在于不仅重视针对小微企业的政务服务，还对中介服务、专业服务等社会性服务进行了规定。换言之，广东的小微企业综合服务体系并不以政府作为单方主体，中介组织等社会主体也是构建小微企业综合服务体系的关键所在。

三、山东促进科技型小微企业知识产权能力建设的立法和政策

山东针对小微企业出台的地方规范性文件共计13项。根据《山东省科学技术厅关于公布山东省科技型中小微企业信息库2017年度第一批入库企业的通知》，山东已经建立科技型中小微企业信息库，2017年已经纳入第一批658家入库企业。

在企业知识产权创造能力上，山东一方面为科技型小微企业创新研发提供资金支持，另一方面通过设备共享提供资源支持。根据鲁政办发〔2015〕43号文件规定，山东对小微企业的税收优惠力度大。对符合该文件条件的小微企业只征收其的应缴企业所得税的50%，并将针对小微企业增值税、营业税的优惠期限予以延长，免征城镇土地使用税、房产税及营业税，并给予初创小微企业及其新招收高校人才相应创业补贴和社保优惠，加快省级股权投资引导基金助力科技型、创新型小微企业发展。不仅设立省级天使投资、新兴产业创业投资、科技成果转化等引导基金，还同时积极引导民间资本参股到投资基金的设立中。着重完善小微企业贷款风险的分担和损失补偿机制，大力发展由政府参股和控股的融资担保及再担保机构。在知识产权运用能力方面，根据鲁质监法发〔2015〕49号文件，山东质量技术监督局免费为小微企业提供技术咨询服务，为小微企业开展设备共享、开放实验室服务，并规定小微企业可以通过项目合作与相应院校共同开展研究工作。鲁政办字〔2017〕47号文件不仅规定对经相关审查认定为科技型小微企业的单位给予10万元补助，还规定鼓励省级以上科技企业孵化器为科技型小微企业提供租用设备等服务，并鼓励各地给予由此而生的租赁费用一定比例支持。以上规定从资金和技术方面共同为小微企业转化运用知识产权提供了极大的便利。

在知识产权保护能力方面，山东的规定跟江苏异曲同工，都是在服务体系建设上囊括对小微企业知识产权能力建设的支持。鲁政办字〔2017〕47号文件便规定为小微企业提供一条龙服务，要求完善小微企业公共服务平台建设，为新注册小微企业提供法律咨询及标准咨询等服务。

在企业知识产权管理能力上，山东规定的政务服务政策尤具特色。"一窗受理、互联互通、信息共享"的方式再造了小微企业的行政审批流程。"一址多照""席位注册"对前来登记的小微企业放宽住所（经营场所）登记条件，盘活存量建设用地为小微企业建设提供优先通道。而省小微企业名录信息平台则负责公开针对小微企业的各类政策信息，进而推进小微企业信用信息共享，共同为小微企业制定知识产权管理战略提供便利条件。

由上可见，山东对小微企业的规定在立法上比较集中，主要存在于鲁政办发〔2015〕43 号和鲁质监法发〔2015〕49 号两项规范性文件中。内容涉及小微企业知识产权创造、管理、运用等。其中，山东从政务服务着手加大对小微企业进行知识产权能力建设的支持力度，其中的"一址多照""用地优先"等措施独具特色。山东重点规定的质量技术监督局与小微企业的合作主要通过项目研究和设施开放实现，为小微企业的知识产权运用提供了重要支持。知识产权保护方面，山东与江苏类似，都是从服务体系建设及服务内容提供上推动小微企业提升自身知识产权保护能力。

四、河北促进科技型小微企业知识产权能力建设的立法和政策

河北针对小微企业的规范性文件共计 9 项。针对小微企业知识产权创造资金不足这一短板，河北在税收方面以冀政字〔2016〕29 号文件为根据对国家规定的费用税前加计扣除、固定资产加速折旧等优惠政策进行落实。冀政办字〔2016〕187 号文件为降低小微企业融资成本规定了由政府、银行和保险公司参与实施，由市场运作，农户和企业自愿参加的"政银保"合作融资模式。同时，建立风险补偿机制、激励机制，银保联合风险管控机制、风险损失共担机制

和责任追究机制，共同为小微企业的融资问题排忧解难。① 冀科计〔2016〕13 号文件规定河北建立包括小微企业在内的科技型中小企业数据库。同时，由河北省科技投资中心合作银行签订贷款风险补偿合作协议，详细约定小微企业贷款风险补偿的具体执行方式。冀财金〔2015〕30 号文件对"政银保"模式进行了进一步细化。银监冀局〔2013〕124 号文件为达成小微企业贷款的"两个不低于"目标，提出了健全小微企业金融服务监测体系，发行小微企业贷款专项金融债的具体措施。同时，鼓励小微企业以知识产权质押、商标权质押或采取"无形资产＋有形资产"的复合质押方式融资，进一步拓宽科技型小微企业融资渠道。冀工信融〔2014〕420 号文件规定对符合条件的小微企业采取低收费政策，不收取客户保证金。鼓励设立再担保机构为小微企业信贷提供再担保服务。冀减负〔2015〕1 号文件规定减免小微企业行政事业性收费和政府性基金。②

此外，各地为细化省政府规定也制定了相应创新资金支持规则，比较典型的有石政发〔2017〕12 号文件，根据该文件，石家庄大力加强小微企业创业创新示范基地建设，并对经认定的市级示范基地一次性奖励 50 万元。同时，积极对接天使投资引导基金、省战略性新兴创业投资引导基金、省中小企业发展基金，发挥虹桥股权投资基金作用，争取省级科技型中小企业贷款风险补偿金支持，设立市科技成果转化风险补偿资金，充分发挥基金对小微企业发展的推动作用。邯政办字〔2016〕142 号文件则对科研人员创办的符合条件的小微企业明确给予增值税、企业所得税税收优惠的待遇。

在知识产权运用能力方面，冀政办字〔2016〕146 号文件规定

---

① 郑媛媛：《创新融资机制助力全民创业》，《河北日报》，2015 年 9 月 17 日，第 9 版。
② 王成果：《坚决取缔清单之外乱收费》，《河北日报》，2015 年 4 月 21 日，第 1 版。

了"双创"支撑平台建设工程。以科研院所、高等学校、产业联盟、行业协会作为对小微企业创新依托，打造高端检验检测服务平台。冀政字〔2016〕29号文件规定了"产学研用"协同创新，开展"百校千企"产学研用合作推进活动，加快推动成果转移转化与产业化。对产学研用重点合作项目进行扶持照顾，整合和交流合作信息，大力进行产学研用信息网络交流平台的构建，鼓励高等学校、科研院所与小微企业组成产业技术创新战略联盟，设立工业（产业）技术研究院，共同为小微企业进行科技研发和成果转化提供更好的交流和合作平台。

在知识产权保护能力层面，河北组织实施的"百千万"技术支持小微企业活动中包含有知识产权服务内容。该活动会对小微企业提供帮助企业进行发明创造，申报国家专利、购买专利技术，保护企业知识产权的服务。此外，《河北省知识产权局关于印发〈河北省中小微企业知识产权战略推进工程实施方案〉的通知》则明确规定了河北帮助小微企业进行包括知识产权保护能力在内的知识产权能力建设，在2015～2017年深入推进科技型中小微企业知识产权战略构建。从系统培训、组队指导和专利布局等方面引导企业提高知识产权维权意识，提升知识产权保护能力。

在提升科技型小微企业的知识产权管理能力方面，冀工信产业〔2015〕115号文件规定了"百千万"技术支持小微企业活动，以10000家以上小微企业为服务对象，为企业提供检测、设计、信息、研发等公共技术服务。《河北省知识产权局关于印发〈河北省中小微企业知识产权战略推进工程实施方案〉的通知》规定河北组建由知识产权专家、企业知识产权工作者和市、县级知识产权部门人员组成的服务分队为小微企业进行知识产权管理提供指导和信息咨询，开展多样化系统培训等服务。

概言之，河北针对科技型小微企业的地方性法规、规范性文件数量不多且内容都集中在少数几份文件中。但对保障小微企业的发展的立法体系已具轮廓，内容完备。在知识产权创造方面，针对小微企业融资困难提出的"政银保"合作融资模式独具特色。在知识产权运用上，河北的"百校千企"产学研用合作推进活动是对"产学研"模式加的改造升级，不仅推动了小微企业知识产权成果创造和转化，更对相关技术成果的产业化起到重要作用。河北在企业知识产权保护上倾注的心血则集中体现在对企业知识产权战略推进工程和"百千万"支持工作中，这两项工作是河北为小微企业知识产权保护能力插上的双翼，为该省小微企业的腾飞吹响了号角。"百千万"技术支持小微企业转型升级活动及由知识产权专家等人员组成的服务分队保证了为小微企业提供服务的质量，为小微企业进行知识产权管理，合理运用提供重要帮助。

五、陕西促进科技型小微企业知识产权能力建设的立法和政策

陕西针对小微企业的地方性规范性文件并不多，只有《陕西省银监局关于进一步加强金融支持小微企业健康发展的实施意见》和《陕西省发展和改革委员会关于支持小微企业融资的实施意见》（陕发改财金〔2013〕1435号）两份文件，内容主要是对小微企业进行知识产权创新提供资金和服务支持。具体而言，前者是对小微企业发展的综合规定。内容包括小微企业享受税收优惠政策，鼓励股权投资企业、产业投资基金发行企业债券投资小微企业等。并且，还规定推进中小企业集合债券和创投基金，加大对高技术产业领域小微企业及战略性新兴产业的投资力。从信息服务和增信服务方面提升对小微企业的支持力度和质量，构筑小微企业综合信息共享平台。后者则是对小微企业融资问题做出的专项规定。主要内容包括对小微企业贷款增速及贷款覆盖面的目标要求，落实小微企业积差异化信贷管理要求。适当放宽风险容忍度，促进与完善风险补偿和资金补贴体系运作。同时，规定对小微企业行政审批开辟"绿色通道"，加大与担保机构合作力度，调整信贷担保结构。此外，陕西其他地方规范性文件中也分散有大量小微企业创新研发资金支持的相关规定。如小微企业贷款覆盖率和信用档案建档率成为陕政发〔2017〕4号文件规定的该地政府扶持小微企业的重要任务，该规定要求到2020年实现该地小微企业申贷获得率提升5％。同时，该文件还要求探索风险补偿机制和激励机制，发展信用保证保险业务、鼓励银行机构提供投贷联动融资服务，提升小微企业融资水平。陕政发〔2012〕43号文件鼓励银行机构通过转型设立或新设小微企业金融服务专营机构，为小微企业融资提供全面服务的融资服务中心。陕政发〔2016〕45号文件也规定了增加为服务小微企业的科技支行、小微支行等特色支行数量，扩大覆盖面。为小微企业减少费用支持，进行贷款融资从事研发互动提供了资金支持。

在知识产权运用能力方面，陕政发〔2015〕42号文件以在陕科研院所、高等院校、工程中心等为主体，规定了面向小微企业开放共享科研设备的合作模式，对陕西小微企业的"产学研"模式进行了纵向拓展，为小微企业进行成果转化提供资源设备支持。

在知识产权保护能力方面，陕西没有直接统一规定，而是由所辖各市根据省级文件思想走向在出台的规范性文件中附带提及。其中，西安关于小微企业的规定较为出彩。西安的市政办发〔2016〕104号文件规定支持小微企业及时申请专利和保护知识产权，并根据小微企业申请的专利类型给予小微企业每件 1000～1500 元不等的资助。对区域内实施了专利托管企业数目或者专利总拥有量达到一定数量的众创孵化机构，以及有专利特派员派驻的企业给予了一定补助和补助。市政发〔2015〕29 号文件则规定扩大小微企业与丝路经济带沿途国家和地区的贸易合作，主动为小微企业开展知识产权评议、专利预警和维权援助服务。可见，陕西以西安为代表，一方面为小微企业提升知识产权保护能力提供资金上的支持和帮助，另一方面则着力建设和完善针对小微企业的维权等的知识产权保护服务。

在提升小微企业知识产权管理能力方面，《陕西省科学技术进步条例》（陕西省人民代表大会常务委员会公告〔11 届〕第 57 号）第三十九条明确了科学技术人员服务企业的长效机制，鼓励科学技术研究开发机构、高等学校和大中型企业支持和帮助小微企业发展，具体可采取选派科学技术人员到小微企业进行挂职锻炼和担任首席工程师，并规定在同等条件下优先安排选派的科学技术人员与企业提出的科研项目。陕政发〔2015〕42 号文件要求加快建设中小微企业综合服务体系，完善小微企业公共服务平台网络。陕政办函〔2015〕165 号文件规定鼓励金融机构小微企业提供信息咨询、政策宣讲及交易撮合等增值服务。以上文件共同确定了陕西小微企业服务体系的大致走向，为保障陕西小微企业知识产权管理能力的发展起到了重要作用。

总的看来，陕西对小微企业的规定在立法上采取的是集中与零散相结合的方式。既有集中规定小微企业发展的规范性文件，也有散落在其他文件中的小微企业相关规定。从内容上看，对小微企业研发创新中的融资问题规定较多，差异化信贷管理要求、放宽风险容忍度及中小企业集合债券等都是陕西采取的重要措施。"产学研"模式的设立与开放科研院所等机构大型设备的规定是为小微企业进行知识产权转化提供的难得契机。在知识产权保护能力方面，以西安为代表的陕西各市多从社会服务和企业资助两方面出发助力小微企业提升自身知识产权保护能力。在小微企业知识产权转管理方面，科学技术人员服务企业的长效机制的设立为小微企业提供了获得高等学校及科研院所的高级技术人员良机。概言之，陕西对科技型小微企业的扶持政策等可圈可点。

六、重庆促进科技型小微企业知识产权能力建设的立法和政策

重庆针对小微企业的规定部分存在于专门的地方规范性文件中，部分散落于其他的重庆市规范性文件中。专门针对小微企业的地方规范性文件共有 8 项。比较综合性质的规定是渝府发〔2014〕36 号文件。为解决初创期和种子期小微企业的知识产权创新融资问题，该《通知》规定推进小微企业注册登记便利化，降低其住所（经营场所）登记门槛，意图达到放宽小微企业市场准入的目的。加大信贷倾斜，实施"保险 + 信贷"合作，健全风险补偿机制，设立创业扶持贷款，从而力求缓解小微企业的融资困难。以此为基础，渝地税发〔2014〕168 号文件从增值税和营业税缴纳方面对小微企业做出了优惠规定，渝府办发〔2015〕44 号文件不仅规定了重庆对小微企业从融资服务、财政资金使用、小微企业担保等方面的扶持方案，其还对小微企业的税收优惠做出规定，免征部分小微企业残疾人就业保障金，并且，其为员工缴纳的社会保险费也能享受相应补贴。渝府办发〔2017〕70 号文件进一步加大了减税降费力度，给予返乡下乡者设立的小微企业免征增值税、降低税率等不同程度的优惠。

渝中小企〔2014〕64 号文件为支持科技型小微企业开发新产品而规定给予新培育的科技型小微企业给予每户 5 万～30 万元的经费。除税收方面给予的优惠外，为解决小微企业资金短缺问题，重庆市还出台了许多其他地方规范性文件。渝府办发〔2016〕242 号文件取消减免了一批政府性基金。渝科委发〔2016〕133 号文件倡导市创业种子投资引导基金与高等学校、科研院所、各区县人民政府等建立品牌众创空间专属种子基金支持种子期创新型小微企业。鼓励各类天使投资群体、风险投资基金入驻众创空间开展创投业务。《渝府发〔2016〕15 号文件规定加大全市各区县的融资担保和再担保体系建设力度，提出全市小微企业融资担保在保户数占比五年内达到70% 的目标。同时，通过在资本市场上市、引入私募基金、发行债券等方式探究补充资本的多样渠道。总之，重庆从税收优惠、基金支持、风险补贴等多种渠道为小微企业进行科技研发提供资金支持。

在提升科技型小微企业知识产权运用能力方面，渝府办发〔2016〕163 号文件鼓励重庆车辆检测研究院、重庆市计量质量检测研究院、重庆市特种设备检测研究院等检测机构加强基础能力和条件建设，以设计开发、生产制造和售后服务等为内容为小微企业等提供服务。这其实便是重庆市对小微企业知识产权成果转化的"产学研"模式的规定。渝府发〔2015〕52 号文件鼓励高校和科研机构优先将科技成果转移向高校毕业生创设的小微企业，具体可以采取合作实施、许可等方式。这两份文件共同为科技型小微企业的创新能力发展搭建起与高校及科研院所等合作的桥梁。

知识产权保护能力建设方面，渝知发〔2015〕50 号文件也做出了相应规定。根据该文件，重庆主要通过帮助获权和完善服务两种渠道提升小微企业的知识产权保护能力。"帮助获权"，指的是帮助

小微企业获取海内外专利权。一方面，重庆通过狠抓国家专利审查
部门与小微企业的联络机制来加速小微企业专利审查，帮助小微企
业创新成果得到我国及时授权；另一方面，通过发放海外授权指导
手册、设立国外专利申请获权援助渠道等方式来支持小微企业取得
在国外的授权。"完善服务"，指完善小微企业保护知识产权所需的
专利代理、信息检索、战略制定等服务。该文件鼓励市维权援助中
心通过建立分中心或工作站，设立维权援助工作机制的方式帮助受
害企业制定维权。同时，为进一步提升小微企业知识产权保护力度，
要求加快建立专利侵权纠纷快速调解机制。

在科技型小微企业的知识产权管理能力建设方面，渝知发
〔2015〕50 号文件对小微企业进行知识产权管理的社会服务体系建
设做出了比较全面的规定。根据该文件，重庆正着力加快小微企业
知识产权公共服务体系与知识产权社会化服务的建设。从投资融资、
创业辅导、人才培训、技术创新等方面为小微企业提供服务。同时，
注重知识产权社团组织和知识产权行业协会的作用，为方便小微企
业之间开展信息共享、协同运用、联合维权等活动而鼓励行业协会
搭建交流平台。此外，重庆还对小微企业知识产权运用能力的提升
在本《通知》中做出了规定。建设专利导航公共服务平台建设，实
施企业专利信息利用工程，从而为小微企业加强自身知识产权管理
水平建设提供便捷路径。渝府办发〔2016〕25 号文件规定建立小微
企业创业创新基地示范城市，推动就业服务平台、创业券等创新试
点，建立完善促进扶持政策落地、助力小微企业发展的信息互联互
通机制。渝府办发〔2016〕163 号文件规定建立科技资源共享服务
平台，以便为各类创新者提供全方面科技资源对接服务；优化微型
企业创业服务平台，以便为小微企业提供注册咨询、创业培训等服

务；加快专利云平台和国家专利信息服务（重庆）中心建设力度，以便为小微企业提供基础性专利服务，为重庆小微企业制定自身知识产权管理战略等提供相关信息和便利。

综上可知，重庆对小微企业的规定已构成一套比较成熟的体系。其为提升自身小微企业的知识产权创造能力而在税收方面对小微企业的设立、发展以及创新工作的开展都设置了具体目标并做出了详尽优惠安排。针对小微企业资金问题，除在税收方面给予优惠之外，还从扶持基金设立、加强财政补贴、加大担保体系建设等方面入手，竭力填补小微企业资金空洞。此外，重庆也重视高等院校、职业院校、科研院所等与小微企业的合作，鼓励院企合作的产学研模式，并具体规定了重庆车辆检测研究院、重庆市计量质量检测研究院等为包括小微企业在内的行业成员提供基础服务，也是对"产学研"模式的进一步拓展。在知识产权保护能力方面，重庆采取帮助获权和完善维权两种方式从政府和社会服务两个层面开展企业知识产权保护能力建设工作，这种多维度、双方向的扶助思路益处良多。而在科技型小微企业知识产权管理能力建设上，重庆的规定也趋向完备，小微企业知识产权社会化服务、公共服务体系和科技资源共享服务平台的建设都是为重庆市小微企业知识产权战略制定服务网络的重要构成部分。

七、小结

以上各省份对科技型小微企业的地方立法主要分为两种类型：一是集中型，二是集中与分散结合型。采取集中型立法模式的省份将其对科技型小微企业的主要支持措施集中规定于其出台的专门针对小微企业的地方规范性文件中，且该类规范性文件名称中多直接包含有"小微企业"或者"科技型小微企业"字眼。该类型典型发表为广东和山东，二省对科技型小微企业的规定集中于其出台的针对小微企业的专门文件，该类文件不仅从宏观上规定了小微企业的扶持战略，支持方向，还从税收、融资、服务等方面直接规定了小微企业可享受的优惠待遇。采取集中与分散结合方式的省份（直辖市）则是在固定的一两项针对小微企业的规范性文件中规定该省（直辖市）对小微企业发展的总体布局和支撑方向。而余下的关于小微企业融资、税收的等相对具体的措施则是分散于该省（直辖市）其他的关于金融、税务的规范性文件中，并由其所辖下级市对相应措施进行完善，此类代表为江苏、河北、陕西、重庆。两类型虽有区别，但是仍有共同点：对扶持小微企业发展的宏观布局总是由专门针对小微企业的专门规范性文件规定。

在知识产权创造能力建设上，各省（直辖市）都注重解决创新融资问题。为填补小微企业研发创新时的资金短板，各省（直辖市）多对小微企业从税收优惠、政府补贴、融资措施、基金扶持等方面加以支持。其中，各省根据自身情况各有侧重。如山东对小微企业的税收优惠政策，河北则更重视对小微企业融资问题，提出"政银保"融资模式。

在知识产权成果创新和转化技术及设备支持上，各地都规定了小微企业与科研院所、高等院校及职业学校等合作的"产学研"模式，但在合作程度上各不相同。山东和江苏南京对"产学研"模式适用较为粗浅，前者仅规定了质量技术监督局与小微企业在项目研究和设施开放上的合作，后者则仅规定了科研院所及高校科研设备对小微企业开放。广东和重庆对"产学研"模式的规定较为成熟。前者明确规定实施产学研长期机制并明确了小微企业与科研院校等的具体合作方式。重庆则将"产学研"模式的参与主体进一步明确为重庆市计量质量检测研究院、重庆车辆检测研究院等；河北和陕西则对"产学研"模式进行了升级。河北将"产学研"模式升级为"产学研用"，不仅对小微企业知识产权成果的创造提供了助力，更对该成果之后的市场化运用做出了考虑。陕西不仅做出了"产学研"模式项目合作的常规规定，还同时将科研院所、高等院校等机构大型设备直接向小微企业开放，进一步为小微企业的知识产权创新和成果转化提供有利条件。

在知识产权保护能力建设上，各省的规定和保护程度均有所不同。相较而言，江苏和山东的规定较为薄弱，二省均未对小微企业的知识产权保护做过多强调，仅有的相关规定也被夹杂在小微企业服务体系的建设中；河北和陕西小微企业的知识产权保护的规定则较为集中，虽数量不多，但还能集中于资金支持和维权服务等方面；广东和重庆的规定最为成熟，二者均将小微企业的知识产权保护集中规定于专门文件中，还从不同角度采取不同政策多维度帮助小微企业提升知识产权保护能力，是帮助小微企业提高知识产权保护能力的最好典范。

在针对小微企业的知识产权管理服务方面，各省（直辖市）对小微企业服务体系的建设都重视政府的主导作用，但有的省份还鼓励其他社会主体参与小微企业服务体系的构建。例如，广东对针对小微企业的中介服务、专业服务等社会性服务进行了规定，鼓励中介组织等第三方社会主体参与到小微企业的服务网络构建中来。

第三节 典型国家和我国部分省份的 经验对四川的启示

从四川关于小微企业知识产权保护的现状出发，结合典型发达国家以及我国先进省份关于小微企业的规定，四川可以从以下几点出发，改进对小微企业知识产权能力建设的扶持工作。

一、知识产权创造能力：定位保险机构主体角色，提高企业融资成功率

四川对小微企业知识产权运用和管理的规定集中体现在针对小微企业的服务体系建设上，"银税互动"联席会议为小微企业服务奠定了政府引导的基调，但是保险机构定位的缺乏导致了小微企业服务体系主体的单调。综观各省份，多数省份都对保险机构在小微企业发展中的风险分散作用进行了规定，四川也应对此做出规定，进一步发挥保险机构对小微企业进行融资承保的风险分散作用，增加小微企业贷款融资成功率。明确规定保险机构在小微企业知识产权创新研发融资中的主体地位，给予小微企业承保保险机构相应优惠和鼓励，助力小微企业的知识产权能力建设。

二、知识产权运用能力：开放设备资源企业共享，升级"产学研"合作模式

科技型小微企业在资金储备以及贷款融资上都难以与大型企业相

比，故其在购置创新成果转化所需资源时易遭遇捉襟见肘的困境。针对此问题，川府发〔2015〕27 号文件提出开放重点实验室等设备资源供社会共享，建立资源共享机制。但是，此规定尚显空泛，还需进行细化分解，落实到位。如此，领军企业、高等学校以及科研院所等的设备资源定能解决科技型小微企业进行科研成果转化的后顾之忧。若同时对四川规定的"产学研"合作模式进行适当调整，除"技术转移＋企业孵化"外，规定"成果转化＋协同推广"等多项合作方式供企业选用，畅通院校合作的渠道和方式，定能使小微企业的知识产权运用能力的发展如虎添翼。

三、知识产权保护能力：从社会层面支持帮助维权，多维度提升企业知识产权保护能力

四川现有关于保护小微企业知识产权的规定仅是从政府层面出发为小微企业保护自身知识产权进行资金减负，但缺乏鼓励小微企业自身加强知识产权保护工作的直接规定。建议借鉴重庆的思路，从政府和社会服务两方面出发为我省的小微企业知识产权保护能力建设披荆斩棘。一方面，政府可继续开展小微企业维权费用减负工作，借鉴吸收重庆帮助小微企业加速获取专利权的做法，帮助四川小微企业快速获得专利授权；另一方面，可加大法律援助机构对小微企业的援助力度，设置维权工作站，派驻法律维权咨询小队进驻小微企业集聚地，为小微企业制定合理的维权战略提供专业指导，直接帮助小微企业实现知识产权保护能力质的飞跃。

四、知识产权管理能力：注重发挥中介组织等社会主体功能，完善小微企业服务体系

中介组织等社会主体在市场化经济中扮演着提供信息、沟通合作、促成交易等服务的角色，是帮助小微企业制定知识产权管理战略的可靠指南。然而，四川鼓励支持小微企业服务体系建设时，并未提及中介组织等社会主体的功能和作用，这对小微企业寻求知识产权管理信息指导、人员培训等有害无益。因此，建议明确指出中介组织等社会主体功能在小微企业服务体系中的重要作用，为该类机构服务小微企业提供一定优惠保障，更有利于调动相应机构的积极性，有助于营造提升小微企业知识产权管理能力的社会环境。

第六章 四川科技型小微企业知识产权能力建设的法律制度完善对策

如前文所述，四川科技型小微企业知识产权能力建设工作仍有诸多不足。从域外和我国其他省市的经验看，实有不少对策可资借鉴。其中一些具体措施，例如加大科技金融政策扶持、进一步升级"产学研"合作模式等，可以在国家及四川省内的政策中适时推出并落实，"摸着石头过河"；而有一些措施，涉及统一性、原则性、稳定性和权威性的制度规则，应当上升到国家或者地方的立法层面，为四川科技型小微企业知识产权能力的提升保驾护航。

第一节　健全科技保险法律制度

科技型小微企业在投入、产出和风险处于"三高"状态，而科技保险对于科技型小微企业解决创新难题大有裨益。我国在《关于

深化体制机制改革　加快实施创新驱动发展战略的若干意见》（2015年3月13日）中明确了科技保险在加快创新驱动、推进改革进程中的重要作用，以科技保险试点工作作为探索企业间接融资渠道的新路径。所谓科技保险，是指以保险作为风险分散方式，对科技企业或研发机构在进行科技研发、生产、销售及其他经营管理活动中因利润、财产或经费损失，及因其对股东、雇员或第三者的人身或财产造成现实伤害而应承担的各种民事赔偿责任，由保险人进行赔偿或给付保险金。

科技保险作为助推企业创新的科技金融的重要一环，有助于促进企业的知识产权战略实现和科技成果转化，增强高新技术产品竞争力等，降低或分散科技企业在科研、技术交易、成果转化、技术产品生产与销售、融资、知识产权管理与保护等环节中的风险。

目前，各地都是从政策角度推动科技保险的发展，我们认为有必要从法律制度构建的角度，进一步完善相关规则。

一、明确科技保险的法律性质

从法律性质来看，科技保险是不同于社会保险和普通商业保险的一种特殊的保险，兼具商业保险和社会保险的双重性质。

首先，从参与的主体看，科技保险是由科技部与保监会共同认定的，保险公司开展的，地方保监局和科技主管部门引导企业购买并提供一定额度财政补贴的，涉及科技活动的保险业务。统计数据显示，截至2016年底，成都高新区认定了12家保险公司共95个科技保险险种，全年累计为70余家购买科技保险的企业提供超过610万元的保费补贴，有效促进了辖区战略性新兴产业企业和科技企业的发展。[①]

其次，从险种看，保险公司对科技保险的险种设计应符合科技企业经营和发展的需求与特点，应体现投保条件宽、不计免赔、赔偿及时、费率优惠等比商业保险险种明显的服务内容和价格优势。

最后，从功能看，科技保险实为一种"准公共产品"，能分担科技型企业在技术产品和服务创新、转化活动中的风险，为科技型企业的可持续发展保驾护航。

二、完善科技保险产品种类

从我国《保险法》和《担保法》等相关法律规定看，科技保险并不是独立的险种。《保险法》中规定了信用保险和保证保险两个险种。科技保险中有小额贷款保证保险、出口信用保险。根据保监发〔2006〕129 号文件，保监会和科技部会逐步确定科技保险的险种。现在，关键研发设备保险、高新技术企业产品研发责任保险、出口信用保险等 6 个险种共同构成了我国第一批科技保险险种。目前，各地也在科技保险范畴内推出了产品研发责任保险、营业中断保险、关键研发设备保险、高管人员及关键研发人员团体健康保险、意外保险、产品质量保证保险、财产保险、董事会监事会高级管理人员执业责任保险、雇主责任保险等险种。例如，截至 2016 年底，成都高新区认定了 12 家险企，95 个科技保险险种，企业投保险种总投保额中专利保护及关键设备等研发环节类险种投保额占比在 70%以上。高新技术企业财产综合险和关键研发设备保险等广受欢迎。[②]

---

① 《为企业创新装上"安全阀"》，http：//www.crd.net.cn/2017－02/10/content_ 23684464.htm，http：//www.crd.net.c，2017 年 12 月 23 日访问。

② 《科技保险"开花结果"》，http：//insurance.hexun.com/2017－01－24/187916639.html，2017 年 12 月 23 日访问。

据保监发〔2010〕31号文件规定建立科技保险产品创新机制，该机制以科研机构、中介机构、保险公司和科技企业为主体，以科技领域典型特点和实际需求为产品出发点，开发具有针对性的新险种，旨在支持科技型小微企业进行创业、融资、并购等活动。因此，四川省内的地方立法应当结合各地实际情况，完善科技保险险种。

三、细化信用保证保险规则

信用保证保险设计的初衷是降低信用风险。信用保证保险中的保险人实际上也是作为保证人存在，为被保证人提供信用担保，从而实现降低信用风险的目的。概言之，信用保证保险是一种将信用风险作为保险标的的保险，其具体包括信用保险和保证保险两种。而《保险法》仅原则性规定了保证保险和信用保险，这使得科技企业在融资过程中缺乏相应的法律依据。建议从以下几方面细化信用保证保险的制度规则：

第一，在立法中固化信用保险和保证保险性质，将保险标的定为非物质财产利益。

第二，进一步细化信用保证保险种类，明确小额贷款保证保险、履约保证保险、知识产权质押贷款保证保险、出口信用保险等险种的具体规则，界定当事人的权利义务关系。

第三，明确保险人的条件。与有形财产保险相比，信用保证保险风险大，要求保险人应具有殷实的资金后备，相关从业人员也应具备良好的素质和信用。允许保险人于承保前对拟参保企业的知识产权风险予以评估，用以确定双方保险合同适用的保费和赔付率。

四、充实专利保险制度

专利保险的典型险种是专利执行保险和专利侵权保险。[①] 专利侵权诉讼具有侵权行为形态多样、诉讼主体广泛、专业技术性强、法律关系复杂、举证困难等特征，其诉讼周期长、成本高，很难及时实现权利救济。[②] 专利保险的出现弥补了专利诉讼这一缺陷，其存在的价值便是承保因维护被保险人的专利权或抗辩其被控侵犯他人专利权时产生的诉讼费用。专利保险具有分担损害的功能，对风险能力薄弱的科技型小微企业的意义重大，但我国目前正在试点推行的专利保险存在保障范围窄且风险保障水平低的问题。[③] 为了充分发挥专利保险对科技型企业知识产权能力建设的作用，有必要从以下几方面完善专利保险法律制度：

第一，采用强制保险和自愿保险相结合的专利保险模式。专利保险模式分为自愿保险模式、强制保险模式及强制保险和自愿保险相结合模式三种。[④] 自愿保险模式是我国目前试点的模式，但科技企业参保率不高，尤其是科技型小微企业，其知识产权保护意识、专利风险意识不强，再加上"捉襟见肘"的资金劣势使其难以支付保费。建议采用强制保险和自愿保险相结合的模式，降低强制保险的基本保费并提高保险金额。在强制保险之外，科技企业可自主选择由商业保险公司提供的其他补充型专利保险产品。

① 刘华俊、宋嘉：《关于设立专利保险制度的思考》，《知识产权》2014年第12期。
② 杨茂：《专利保险机制探析》，《湖北经济学院学报（人文社会科学版）》2011年第7期。
③ 陈志国、杨甜婕：《创新驱动战略背景下我国专利保险发展模式研究》，《保险研究》2013年第8期。
④ 袁海龙、何荣华：《依法治国语境下的专利保险制度：问题与对策》，《学术论坛》2015年第2期。

第二，明确将知识产权作为保险标的。《保险法》第 12 条第 2 款规定明确将"财产及其有关利益"作为财产保险的保险标的。同理，应明确将知识产权纳入保险标的的范围，在我国基本法律中确立专利保险的地位。

第三，专利保险宜采用定值保险来确定保险价值。专利作为专利保险的保险标的，不同于有形财产，在确定保险价值时，专利保险不宜采用一般财产保险的不定值保险，而应采用定值保险。

第四，确保专利保险产品的多样化和推广落实。政府应积极推动保险公司加大专利执行保险、侵犯专利权责任保险推进力度，落地推广专利代理人职业责任保险、海外展会侵犯专利权责任保险、知识产权综合保险等新型险种，鼓励科技企业以专利执行保险为质押的专利投保。

五、明晰保险公司与银行的关系

科技企业小额贷款保证保险、履约保证保险、知识产权质押贷款保证保险等保证保险都涉及保险公司和银行的协作关系，二者的信息共享机制包括客户信息、业务受理、授信决策等方面，双方共担企业还款风险。[①] 为进一步发挥科技保险在科技型小微企业增信、分散贷款风险方面的作用，有必要从以下几方面理顺保险公司和银行的权利义务关系，细化相关的制度规则：

第一，明确各险种的业务规范及运作方式，合理划分银行和保险公司各自审查科技企业的范围和职责。

第二，在知识产权质押贷款保证保险中，充分考虑银行贷款利

---

① 邱兆祥、罗满景：《科技保险支持体系与科技企业发展》，《理论探索》2016 年第 4 期。

率和保险费率的基础上，合理设置质押率与质押物价值的比例，合理控制贷款额度上限与贷款期间。

第三，明确保险公司对科技企业的代位求偿权及其行使条件，允许保险公司以企业股权的方式解决代位求偿权求偿不得的困境。

第四，完善风险防范与控制机制，明确信用保证资金的构成与运作机制，严格管控科技企业的贷款资金用途。[①]

第五，组建知识产权金融服务团队，搭建银行业金融机构、保险公司和科技企业的对接平台，举办银行和企业、保险公司和企业的科技金融对接活动。

第六，进一步完善征信体系建设，建立健全科技企业信用评价模型、细化信用评价要素，建立借款人失信惩戒机制，在征信体系中加入欠款违约、违反贷款资金用途等事项作为科技企业购买科技保险、享受政府补贴的依据。

第二节　重构知识产权质押制度、完善知识产权质押融资体系

知识产权质押融资，是应对科技型小微企业的资金需求的重要渠道。虽然知识产权质押融资试点工作已经在全国推行，但我国尚未建成统一成熟的知识产权质押融资体系。作为一种尚处于起步阶段的、不同于抵押贷款的新型融资方式，知识产权质押融资体系无

---

① 唐金成：《信用保证保险与中小企业融资难问题研究》，《保险市场》2013 年第 1 期。

论是在政府、银行、专业中介服务机构的协同推进机制，还是风险管控机制，抑或知识产权评估管理和流转管理制度方面，都亟须完善。当然，除了这些具体的程序规则外，主体的权利义务关系均衡调整、知识产权确权、无效宣告等法律风险的解决都需具体的规则予以调整和适用。尤其是就实体法部分，从法律制度顶层设计而言，我国《物权法》《担保法》所规定的知识产权质押制度仍有诸多不足和矛盾之处，应当予以重构。

一、重构《物权法》《担保法》有关知识产权质押的一般规则

（一）确定知识产权具体权利，明确质押标的范围

《物权法》第 223 条明确了可以转让的专利权、注册商标专用权、著作权等知识产权中的财产权可以出质，该条中的"等"还包括了哪些知识财产权。除了该条列举的注册商标专用权、专利权、著作权外，知识产权作为一个总括性的权利，还包括了地理标志权、集成电路布图设计权、植物新品种权和商业秘密等。因此，只要具有真实性、明显的财产性，可转让、能体现交换价值的知识产权都可以出质，[①] 比如集成电路布图设计权、植物新品种权和商业秘密。[②]

（二）允许知识产权重复质押，确立知识产权最高额质押制度

与抵押不同，根据《物权法》第 227 条的规定，物权法禁止重复质押。原因在于知识产权财产权价值评估体系及管理制度尚不完备，财产价值贬损、不能及时变现的风险高，若是对知识产权财产权的转让、许可毫不设限，这不仅会降低知识产权财产权的交换价

---

① 李娟：《知识产权担保制度研究》，法律出版社 2012 年版，第 22~23 页。
② 地理标志表明产品来源，不具有直接的财产性，不适于设质。参见丘志乔：《法价值视阈下对知识产权质押制度的反思与重构》，《暨南学报（哲学社会科学版）》2013 年第 8 期。

值，更会损害债权人利益。① 本书认为，允许知识产权重复质押有其合法性与合理性。

首先，随着我国知识产权价值评估体系的不断完备，为了充分发挥知识产权质押融资的作用，应允许知识产权重复质押。不能因为制度的暂时不完备而否定知识产权财产权的重复质押、因噎废食不可取。

其次，应允许知识产权人全部、部分转让或许可其知识产权，应当允许出质人物尽其用，就同一个知识产权出质，质权人按质权成立的先后顺序受偿。而不能将转移占有作为知识产权质押的生效要件，限制知识产权人对自身所有知识产权的合理使用。

最后，担保物权本身不应将财产的归属置于首位，静置或者不流通只会影响知识产权价值的实现。"知识产品的可'虚拟占有'的特点与无形财产权权能的多样性特点在客观上要求弱化无形财产权的支配功能而强化无形财产的利用功能。"② 为了确保重复质押给质权人带来实质损害，可以借鉴美国做法，在放宽出质人重复质押限制的同时，要求出质人履行通知义务，并规定未尽通知义务的罚则，从而实现出质人和质权人利益的平衡。③

此外，在最高额抵押规则之外，允许对债权人的一定范围内的不特定而连续发生的债权预定一个最高限额，并由债务人或第三人提供知识产权予以质押。④

（三）以利益均衡为原则，明定出质双方权利义务

担保物权作为债的担保制度之一，旨在实现债权人的利益。知

---

① 任中秀：《解释论视野下知识产权质权人权利探析》，《知识产权》2012 年第 2 期。
② 吴汉东、胡开忠：《无形财产权制度研究》，法律出版社 2001 年版，第 84 页。
③ 朱燕萍：《论专利质押中质权人利益保护问题》，厦门大学 2009 年硕士学位论文。
④ 刘广南：《专利权质押研究》，中国政法大学 2009 年硕士论文。

识产权质押制度也是以维护质权人利益为首要目的，这样实质造成出质人和质权人的权利义务不均衡，不利于民法的平等和正义价值的实现。从双方的权利看，一方面，质权人享有孳息收取权①、转质权、质物毁损或者价值明显减少时的保全权、质权受侵害的请求权、变价权和优先受偿权等；另一方面，出质人享有对出质知识产权财产权的继续使用、转让或者许可他人使用的权利、再出质权、对质权人的抗辩权、质权受侵害的请求权、撤销质押登记的请求权等。②就双方的义务而言，质权人负担在再出质或者主张赔偿时的通知义务；出质人负担许可或转让他人使用出质的知识产权财产权时不得损害质权人利益的义务，将已出质的知识产权再出质必须以质权人的同意为先决条件，以不损害质权人利益为底线的义务，主张抗辩权时需通知质权人的义务等。

（四）完善质押配套规则，细化相关法律规定

《担保法》《物权法》中有关知识产权质押的条文原则性过强。包括知识产权质押的效力、公示、质权人权益的实现、质物的清偿和提存规则等，都应当予以细化。

二、建立统一的知识产权登记制度

根据《物权法》第 227 条的统一规定，知识产权财产权的质权设立时间为有关主管部门办理出质登记时。但根据《注册商标专用权质权登记程序规定》《著作权质权登记办法》《专利权质押登记办法》，知识产权质押合同因三个不同的机关按照不同的程序、内容和

---

① 任中秀：《解释论视野下知识产权质权人权利探析》，《知识产权》2012 年第 2 期。
② 丘志乔：《法价值视阈下对知识产权质押制度的反思与重构》，《暨南学报（哲学社会科学版）》2013 年第 8 期。

期限办理登记。此外，知识产权转让等与知识产权质押相关的规则，《著作权法》《专利法》等相关方法律并无明确规定。

首先，建议知识产权质押采登记对抗主义，改变目前《物权法》登记生效主义的规定。即设立知识产权财产权的质权得为登记，并规定若是没有经过登记，质权人不能以该项质权对抗善意第三人。如此规定，主要基于以下两方面考虑：一是，知识产权质押登记成本高，效率低，不利于实现知识产权质权的价值实现。采知识产权质押登记对抗主义，在保障交易效率的同时亦无损交易安全。①　二是，规定知识产权质押登记对抗主义也是比较法的通常做法，如日本和我国台湾地区都有相关规定。②

其次，与知识产权质押登记对抗主义一样，知识产权的权利变动也采取该形式。现有的《专利法》《著作权法》《商标法》并没有对知识产权的转让、许可使用等知识变动内容进行明确，正如前文所述，从交易效率与交易安全的角度，知识产权权利人变动，得为登记；未经登记，不产生对抗第三人的效力。《著作权法》《商标法》《专利法》对此应当予以明确，确立统一的知识产权变动登记对抗主义规则。

最后，建立统一的知识产权登记公示系统。改变目前分散、各自为政的登记现状，版权局、知识产权局和工商局应当搭建统一的知识产权登记公示系统，涵盖知识产权的授权、变动（转让、许可使用）、质押、权利效力状态等内容。

---

① 林立：《知识产权质权制度若干问题的探讨》，《研究与争鸣》2004 年第 10 期。
② 苏喆：《知识产权质权的债权化研究》，《法学杂志》2013 年第 7 期。

三、健全知识产权价值评估体系

知识产权固有的无形性、时效性、独占性及权利的有限性等特点导致其自身价值呈不稳定状态。[①] 知识产权价值的载体具有特殊性，其资产价值表现为进入市场并获得收益的特权或关系，是兼具智力和商品双重属性的长期资产，且其价值变量不确定，资产转化具有复杂性。[②] 总之，知识产权价值评估比有形资产更为复杂。从总体上看，知识产权评估技能和方法均显稚嫩，对科技企业实现创新成果的产业化会形成阻碍，进而影响科技企业知识产权的创造、运用、保护能力建设的关键环节。我们应抓住知识产权评估难的症结——知识产权价值难确定、评估规范和方法不统一、不健全的问题，推出有利于科技企业知识产权投融资的新产品、新服务。

第一，优化政府主管部门在知识产权价值评估中的角色定位。一方面，随着"放管服"改革的推进，政府与市场的关系正在逐步理顺，应厘清知识产权价值评估中主管部门的中立地位；另一方面，政府应当加强在专业知识产权评估机构建设中的引导和推动作用。

第二，完善知识产权价值评估规范体系。我国现有与知识产权价值评估相关的政策法规等规范性文件主要有：《中华人民共和国资产评估法》《国有资产评估管理办法》《资产评估准则——无形资产》《专利资产评估指导意见》，以及财企〔2004〕20号、中评协〔2010〕215号、中评协〔2011〕228号文件。因缺乏相应实施细则，现有文件还不能灵活应对实践中的知识产权评估问题。从评估方法处罚看，成本法、收益法和市场法是箱柜文件提到较多的方法，

①　陈松洲：《论知识产权价值的评估》，载《法制与社会》，2010年第25期。
②　吴汉东：《知识产权损害赔偿的市场价值基础与司法裁判规则》，《中外法学》2016年第6期。

但对于三种方法各自适用的条件等却并未予以明确，而是规定以价值类型、评估对象、资料收集等为标准进行综合分析，选用三种方法中的一种或多种加以使用。当使用多种评估方法评估同一知识产权得到初步价值结论时，评估师应注意比较分析所得结论，得出最终的合理评估结论。实践中，评估师多是使用类似评估不动产时使用的方法。该方法具有易操作、成本低的特点。此外，因为缺乏对操作细节的统一规定，不同评估机构即使采用同种评估方法也难以得出相同的评估结果，这使得知识产权价值的评估结果确定性低。建议将法律法规和自律规范双管齐下，制定行之有效的统一的实施细则，使知识产权评估体系更加完备。

第三，形成科学的知识产权价值评估方法。从方法论的角度而言，成本法和市场法都是演绎方法，收益法则是分析法。通常来讲，演绎法适用于有形资产这类资产特性较简单且侧重资产现实可用程度（市场认可）的资产；分析法则适用于资产特性较复杂，强调未来使用效果的资产。[①] 在用收益法计算知识产权未来预期收益时，可以将包括研发成本、授权成本、权利维持成本以及产业风险、市场风险、法律风险等风险成本在内的知识产权形成和维持的固有成本考量其中。[②] 鉴于我国科技企业，特别是科技型小微企业的知识产权管理能力不高，应当区分不同的阶段，适用不同的评估方法。如果不区分技术成果的研发、转化的不同阶段，一律采用相同的评估方法，不可能真实反映该项知识产权的价值，继而得出不客观的评估结论。因此，评估方法的选择应考虑背景因素的综合影响，例如专利价值评估因素应包含公司的专利成果创造能力、技术成果授权率、

①　吴汉东、胡开忠：《无形财产权制度研究》，法律出版社 2001 年版。
②　陈仲主编：《无形资产评估导论》，经济科学出版社 1995 年版。

研发计划和研发重点等。

第四，加快建设知识产权价值评估机构。当前，我国的知识产权价值评估机构尚未成熟，规模偏小。有必要提高评估机构的评估能力和水平，评估机构由注册会计师、注册资产评估师、律师、知识产权专家及金融监管机构等多方构成，明确其独立性、权威性，贯彻落实独立、客观、公正的执业原则，完善评估机构和注册评估师的法律责任，加强知识产权评估的安全保障。知识产权评估相关的行业自律和专业指导责任应由中国资产评估协会承担。知识产权评估专家库、大数据、专业委员会、知识产权评估数据库等均可供中国资产评估协会使用，借以提高知识产权价值评估的执业质量和效率、行业公信力和影响力的手段。该方法还有助于营造知识产权评估机构公平竞争的局面。① 企业可自行挑选中意的评估机构和评估时间进行知识产权评估，可谓一箭双雕。

第五，重视知识产权资产评估人才培养。实行从业人员资格准入制度，做好培训、考核工作，并颁发培训证书。通过一系列的培训和教育，创建一个高道德、高水平、高能力的专业知识产权评估队伍，建立健全相关管理制度，提升知识产权评估的规范性和专业性，推动行业健康发展。

第六，规范企业知识产权价值评估信息披露机制。在进行知识产权价值评估时，应适时披露取得方式和时间、账面价值等相关知识产权的详细信息。

---

① 胡海容：《破解上市公司知识产权评估难》，《中国知识产权报》2015 年第 8 期。

第三节 加大知识产权司法保护力度

相比其他市场主体而言，科技型小微企业的维权成本不足、风险控制能力弱等特点都决定了其对知识产权司法保护的需求更为迫切。为了更好地发挥知识产权司法保护对促进科技型小微企业知识产权能力建设的作用，有必要从以下几方面采取措施：

一、改革现行的"双轨制"模式，向司法保护模式倾斜

（一）着力强化司法保护知识产权的主导作用

与多数国家采用知识产权司法保护"单轨制"不同，我国实行的是司法保护和行政保护并行的"双轨制"模式。如今，"双轨制"保护模式在知识产权战略深度推进的背景下也显现出了不少弊端：其一，知识产权保护标准不一致。若知识产权被侵害，当事人既可选用行政程序，也可采用司法途径寻求保护。知识产权行政管理机关享有对知识产权侵权的行政处罚权、行政裁决权和行政调解权。在认定侵权行为成立的标准上，行政机关可能和法院存在分歧，最后的处理结果可能完全相反。其二，知识产权双重保护，可能增加纠纷解决成本。当事人在行政机关裁决时提交的证据，不一定适用于司法程序，诉讼中需要重新举证、重新认定。其三，知识产权行政管理部门与法院的协同程度低。知识产权的授权、确权、侵权执法和纠纷解决事项是由知识产权行政管理部门负责的，侵权诉讼则往往需要等待行政确权的结果。

本书认为，为了实现知识产权全面、高效的保护，应当强化司法保护的主导作用。理由有二：

第一，虽然知识产权具有私权和公共政策的双重属性，但从法律层面而言，知识产权是民事权利，属于私权范畴。这也是权利人多选择司法途径保护自身知识产权的内在原因。因为，基于"私法自治"的精神，国家行政机关不应主动干预知识产权保护。而民事侵权的司法保护，必须以当事人请求为前提条件，"不告"则"不理"。此外，知识产权侵权的行政保护，一般通过"罚款"这一行政处罚来解决，而罚没的资金需上缴国库，并不能归属权利人并作为损害救济金以填平损害，从而体现国家公权力对侵权行为这一违法行为的"惩罚"和否定。唯有通过民事侵权损害赔偿责任，权利人才能获得以"补偿"为直接目的的私法救济。

第二，知识产权行政管理和处罚职能合一，行政执法缺乏有效监督，极易导致行政权力被滥用。行政执法程序混乱、透明度低、标准不一是行政救济途径的典型缺陷。而司法救济则存在权威、公正、可信度高的优势。可见，积极利用司法途径对知识产权进行救济，着重发挥司法途径在知识产权保护中的主导作用，全力维护权利人的合法利益，能有效修正知识产权行政保护的缺陷，利于全面保护知识产权。

总之，强化司法保护知识产权的主导作用，是基于知识产权的私权属性，体现财产属性的知识产权应首先用财产手段实现救济，而不能轻易用公权力去惩罚。但这并不意味着知识产权行政救济途径被否定和架空。知识产权行政执法将维护社会公众利益、规范市场公平秩序作为宗旨，而不以某一个知识产权权利人的利益为着力点，区别于知识产权的司法保护。[①] 我们应当充分利用知识产权行政管理部门与人民法院各自的职能特点，使两部门相互配合和协调，力求实现行政执法资源和司法审判资源在知识产权保护上的优化配置和合理共享，实现知识产权的全面、依法保护。注重健全知识产权纠纷行政调解与司法程序的诉调对接机制，促成知识产权行政保护和司法保护的最大合力。

（二）积极推动知识产权综合管理体制机制改革

国办发〔2016〕106 号文件指出，推进知识产权综合管理改革是深化知识产权领域改革、破解知识产权支撑创新驱动发展瓶颈制约的迫切需要，对于解决地方知识产权管理体制机制存在的一系列突出问题具有积极作用。

在知识产权行政管理方面，存在的主要问题有：

第一，知识产权的授权和执法主体合一，管理和处罚职能合一，使行政执法缺乏有效监督。知识产权行政管理机构在处理专利授权、商标注册、版权登记等事项的同时，还负责调解、裁决知识产权案件，查处知识产权违法行为等事项。[②]

第二，知识产权行政管理机构不够集中，行政管理成本高。不同类别的知识产权管理工作分别由国家工商行政管理总局、国家知识产权局、农业部、国家林业局、国家质量监督检验检疫总局等 10 个部门来负责；各地的知识产权行政管理机构在机构性质、行政级别、职能配置、隶属关系等方面不一致。中央管理格局分离、地方管理体系多样，[③] 中央和地方都缺乏协调统一的工作机制，是我国知

① 魏小毛：《要合理协调行政执法与司法保护》，《中国知识产权报》2013 年第 10 期。
② 吴汉东、锁福涛：《中国知识产权司法保护的理念与政策》，《当代法学》2013 年第 6 期。
③ 吴汉东：《知识产权综合管理改革势在必行》，国家知识产权局网站，http://www.sipo.gov.cn/mtsd/201703/t20170329_1309088.html，2017 年 9 月 4 日访问。

识产权行政管理体制机制存在的突出问题，直接导致知识产权创造、运用、保护和管理的成本大增。

第三，知识产权行政保护标准不统一。知识产权行政管理机构分散带来的另一个大问题就是管理和执法标准的不统一。例如，一个企业在国家工商总局取得商标权，同时在国家商品检验检疫局取得地理标记权。又如，对于《植物新品种保护条例》的具体实施细则，农业部与国家林业局有关农业新品种和林业新品种的规定不尽相同。①

可见，分散管理易造成管理松散的局面，对知识产权的保护有害无益，使科技型小微企业的创新和维权成本高，侵权易发、多发。亟须加强行政资源整合，科学划分机构管理职责，解除束缚知识产权保护体制发展的枷锁。在当下深入推进"放管服"改革的背景下，完善科技型小微企业知识产权创造、运用、保护和管理能力建设的关键在于实施知识产权综合管理。四川应在"精简、统一、效能"的原则下，探索集专利、商标和著作权于一体的"三合一"集中统一管理模式或者专利和商标为一体、著作权另行分设的相对集中的"二合一"管理模式的可行性，向科技型小微企业提供资源供给和创新成果供给，同时提升知识产权行政管理部门的战略规划、政策引导能力，是加强我省小微企业自身市场竞争力的得力举措。

二、确立专利和注册商标权效力审查的司法一元模式

《中国知识产权司法保护纲要（2016—2020）》（以下简称《纲要》）将解决知识产权司法保护和行政保护"双轨制"运行问题作

---

① 吴汉东：《中国知识产权法制建设的评价与反思》，《中国法学》2009 年第 1 期。

为重要目标之一。从逐步建立知识产权专门审判机构的顶层战略看，建立专利和注册商标效力司法一元审查模式是我国知识产权司法保护改革的应有之义和最终目标。我国正在探索建立区域布局、横向关系、纵向关系、"三合一"机制均衡发展的知识产权法院体系。知识产权民事、行政和刑事审判"三合一"改革已经启动，施行专利、商标侵权和确权案件的合案审理。北京、上海、广州知识产权法院已经建立，南京、苏州、武汉、成都中级人民法院内设知识产权法庭作为专门审判机构并跨区域管辖部分知识产权案件。可见，法院享有专利效力审查权是我国知识产权司法保护的改革方向。我们应当修改《专利法》第45条和第46条，以及《商标法》第44条，明确知识产权法院（法庭）对专利、注册商标侵权和确权案件享有专属管辖权，其对专利、注册商标的无效宣告具有对世效力和溯及力，最终建立专利效力司法一元审查模式。

要落实专利和注册商标权效力的司法一元审查模式，重点处理好各法院的职能关系。知识产权法院（法庭）对专利、注册商标侵权和确权案件享有专属管辖权。当事人向普通人民法院提起专利、注册商标无效宣告诉讼的，普通人民法院应告知其向有管辖权的知识产权法院（法庭）起诉。针对知识产权法院（法庭）作出的无效审查决定，当事人享有单独或者附带向未来的知识产权上诉法院提出上诉的权利。知识产权上诉法院拥有知识产权授权、确权案件的终审权。当事人对知识产权上诉法院所作判决可向最高人民法院申请再审。

在明确知识产权法院（法庭）对专利、注册商标确权案件的专属管辖权后，还应处理好法院与行政主管部门之间的关系。首先，应注意协调、衔接法院与专利、注册商标授权部门对权利的授权和效力审查标准，确保判断一致。其次，搭建统一的专利、注册商标查询系统，且法院应及时在系统上录入权利效力审查结果，方便当事人了解授权情况、有效期和效力状态。最后，进一步探索多种沟通形式，建立点对点常态化的工作联系机制，加快机构整合：建立资料传递、案件通报制度，明确法院就专利、注册商标无效审查问题对国家知识产权局、工商总局的事前、事后通知义务；增强人员流动性，允许专利审查员参与诉讼程序并对当事人进行提问、向法官陈述参考意见。技术背景法官可通过在专利复审员中选拔决定，从而稳步推进专利效力司法审查一元模式的构建；① 定期举办重大疑难问题研讨会、经验交流座谈会等活动，促进人员交流、提升业务素质，形成工作合力。

三、构建科学的知识产权侵权损害赔偿规则

《纲要》提出，建立公平合理、比例协调的知识产权损害赔偿制度。侵权成本低、权利救济不足，是知识产权侵权案件的突出问题。因权利人"举证难"，以诉讼效率和诉讼经济为宗旨的"法定赔偿"被扩张适用，酌定性强导致出现同案不同判的现象。虽然原告大多主张将赔偿计算标准定为自身实际损失或侵权人违法所得，但因举证不充分，法院往往转而适用法定赔偿，并有压低赔偿数额的倾向。维权成本让本就举步维艰的科技型小微企业不堪重负。统计数据显示，78.54%的著作权案件、97.63%的商标权案件和97.25%的专利案件均采用"法定赔偿"标准，法院判决赔偿的平均金额分别为7.7万元、6.2万元和15.9万元，约占权利人请求额度

---

① 张鹏：《我国专利无效判断上"双轨制构造"的弊端及其克服——以专利侵权诉讼中无效抗辩制度的继受为中心》，《政治与法律》2014年第12期。

的 1/3，且法院极少支持权利人的精神损害赔偿请求。法院对律师费的支持态度及权利人的举证情况决定着法院对于维权合理费用的支持程度。① 而且不少法院为了加快案件审理速度并减少证据认定风险，将维权合理费用作为法定赔偿酌定参考因素，并在判决时作为法定赔偿数额的一部分与经济损失一并认定，② 模糊了侵权赔偿金额、经济损失和维权合理费用之间的关系，导致权利人"赢了官司输了钱"。③

我们应当充分发挥司法对保护知识产权的主导作用，着力解决维权成本的问题，④ 提高法定赔偿标准，继《商标法》修订之后，在《著作权法》《专利法》和《反不正当竞争法》中规定惩罚性赔偿制度，建立科学的与知识产权价值相适应的权利人实际损失、侵权人所得利益、许可使用费、法定赔偿以及维权合理费用的计算标准体系。

（一）赋予当事人选择损害赔偿计算方法的权利

我国《著作权法》第 49 条、《商标法》第 63 条和《专利法》第 65 条对侵权损害赔偿数额设置了四种计算方法，即实际损失、侵权所得和许可使用费的合理倍数这三种数量计算方法，以及法院自由裁量的法定赔偿。对于这四种计算方法，法律规定了明确的适用顺序：实际损失—侵权所得—许可费倍数（仅适用专利、商标侵权

---

① 詹映、张弘：《我国知识产权侵权司法判例实证研究——以维权成本和侵权代价为中心》，《科研管理》2015 年第 7 期。

② 参见江苏省高级人民法院（2016）苏民终 803 号民事判决书、广东省高级人民法院（2016）粤民终 1094 号民事判决书、广东省高级人民法院（2016）粤民终 1624 号民事判决书、陕西省高级人民法院（2016）陕民终 567 号民事判决书。

③ 谢惠加：《著作权侵权损害赔偿制度实施效果分析——以北京法院判决书为考察对象》，《中国出版》2014 年第 14 期。

④ 吕薇：《知识产权战略实施 5 周年收获颇丰》，《中国知识产权报》2013 年 6 月 19 日第 1 版。

诉讼）—法定赔偿。法释〔2013〕9 号文件第 20 条第 1 款、法释〔2000〕48 号文件第 10 条第 1 款曾经规定了权利人对实际损失和侵权所得两种计算方法的选择权，但法释〔2015〕4 号、法释〔2004〕1 号均删除了这些规定。然而，《著作权法修订草案（送审稿）》第 76 条第 1 款又再次提到了权利人对四种赔偿计算方法的选择权。从比较法上看，美国的知识产权法没有规定实际损失（包括合理许可费）、侵权所得之间的适用顺序，德国的知识产权法则赋予了权利人对实际损失、侵权所得和许可费三种计算方法的选择权。[①] 本书认为，从充分救济权利的角度，应当赋予权利人对损害赔偿计算方法的选择权。

（二）完善法定赔偿规则及其法律适用

其一，提高法定损害赔偿最高限额。一方面，在我国近几年的司法实践中，法院可能会酌定超出法定赔偿数额上限来确定赔偿数额，不过前提是如果有证据证明法定赔偿最高额难以弥补权利人的损失，或者侵权行为人的获利远高于法定赔偿最高额，[②] 这也对克服解决知识产权案件举证难、赔偿低问题有所裨益。司法实践中探索的酌定赔偿计算方法可以在条件成熟时上升为法律规则。另一方面，应当提高体现高水平、高价值、高效益的高新技术产品（服务）侵权的法定赔偿限额，逐步树立"知识产权价值观"[③]。实证研究表明，我国的专利侵权法定赔偿额偏低的情况主要集中在传统快速消费品和传统耐用消费品领域，与这两类产业相比，高新技术产品的法定赔偿额明显高出一截，且法院往往会以侵权人主观恶性程度、

[①] 王迁、谈天、朱翔：《知识产权侵权损害赔偿：问题与反思》，《知识产权》2016 年第 5 期。

[②] 蒋华胜：《知识产权损害赔偿的市场价值与司法裁判规则的法律构造》，《知识产权》2017 年第 7 期。

[③] 吴汉东：《知识产权损害赔偿的市场价值基础与司法裁判规则》，《中外法学》2016 年第 6 期。

是否侵犯国外权利人的专利等情形作为判断要素，对侵权人附加惩罚性赔偿。[①] 为了进一步鼓励创新、充分保护高技术成果，建议法院结合产业特点，将高新技术产品（服务）侵权的法定赔偿总额适当提高。根据《专利法修订草案（送审稿）》，法定赔偿限额从原来的1 万～100 万元提升为 10 万～500 万元。法院在具体适用时应当根据专利类别，对侵害高新技术产品的行为人在较高的限额内确定其赔偿数额，确保权利人得到充分救济。

其二，以司法解释的方式在法定限额内确立分级计算标准。首先，将权利类型、侵权行为的性质（制造、销售等），侵权人的主体特征（单位的成立时间和生产经营规模）、侵权行为的情节（持续期间、范围、规模）、被控侵权产品数、当地经济发展水平等作为权重系数确定不同的赔偿数额；其次，区分行为人的主观过错程度，确定不同的赔偿数额，既强化对恶意侵权人的否定，也减缓了法定赔偿对无过错侵权人的严苛性；最后，强化当事人的举证责任及举证不能的后果，区分不同证明强度，确定不同的赔偿额度。美国《版权法》第 504 条将法定赔偿额度划分为三个档次。[②] 以此为鉴，以侵害专利权为例，建议司法解释增加如下相关规定：当事人应当积极证明损害的存在及损害大小。如果权利人能够证明侵权行为系故意实施，则人民法院可以将法定赔偿数额提高到不低于 100 万元。对于侵害著作权和注册商标专用权的，可参照上述规定制定相关

[①] 李黎明：《专利侵权法定赔偿中的主体特征和产业属性研究——基于 2002—2010 年专利侵权案件的实证分析》，《现代法学》2015 年第 4 期。

[②] 该条规定，若加害行为既非故意也非过失，法院可以判决赔偿 700～30000 美元的数额；若版权人承担证明责任，且加害行为系故意实施，则法定赔偿数额提高到不超过 150000 美元；若侵权人未能意识到且也无理由知悉其行为构成对版权的侵害，则法定赔偿数额降低到不少于 200 美元。参见蒋华胜：《民营企业知识产权司法保护中的关键性问题探析——基于 G 法院的实证数据分析》，《河北法学》2017 年第 11 期。

规则。

其三，明确法定赔偿的法律适用方法。首先，法院应当充分认识到法定赔偿作为实际损失和非法所得无法证明，且许可使用费没有实际发生时的替代性赔偿方案，在个案中慎重适用。其次，法院在个案审理中应当明确区分经济损失与合理费用，分别予以认定。最后，法院应在判决书中充分说理，根据知识产权的不同类型和创造性知识产权、侵权行为的不同表现形式、影响范围和持续时间、侵权人的个体特征和主观恶性等案件特征，具体阐述"侵权行为的性质和情节"，从而明确判赔数额的考量细节和计算依据，提高判决的公信力。

（三）统一惩罚性赔偿标准

以填平原则为基础的民事损害赔偿制度以及提高颇具惩罚意味的法定赔偿最高额均难以实现知识产权无缝救济。而惩罚性赔偿制度不仅能惩戒和威慑恶意侵权行为人，其还能借此预防侵权行为发生，可以说是保护知识产权的利器。① 关于侵权惩罚性赔偿，修改后的《商标法》规定的成立条件是"恶意＋情节严重"，赔偿倍数是"一倍以上三倍以下"；《著作权法修订草案（送审稿》规定的成立条件是"两次以上故意"，赔偿倍数是"二至三倍"；《专利法修订草案（送审稿）》规定的成立条件是"故意"，赔偿倍数是"一倍以上三倍以下"。惩罚性赔偿应当高于补偿性赔偿，因此，应当统一惩罚性赔偿的成立条件和赔偿标准。一是准确定位惩罚性赔偿的制度功能，将"恶意"作为对行为人主观方面进行严格限制的条件。恶意，即行为人将损害他人利益作为行为的目的，蓄意加害，行为积

① 罗莉：《论惩罚性赔偿在知识产权法中的引进及实施》，《法学》2014 年第 4 期。

极追求损害后果的主观心理状态，其主观恶性最高，位于直接故意之上。具体而言，只有在侵权人明知侵权而蓄意为之，且采取措施掩盖其侵权行为，或者在接到权利人发出的侵权通知后仍继续实施侵权行为（无论是事先明知还是收到通知并调查后知道），或者在被法院判决侵权行为成立后仍继续侵权行为的，才构成恶意。① 二是对于赔偿倍数统一采用《著作权法修订草案（送审稿》的表述，规定为"二至三倍"。将《商标法》第63条第1款第2句修改为：对恶意侵犯商标专用权，可以在按照上述方法确定数额的二至三倍确定赔偿数额。在《专利法》第65条第1款第2句后面增加一句：对于恶意侵犯专利权的行为，人民法院可以根据侵权行为的情节、规模、损害后果等因素，在按照上述方法确定数额的二至三倍后确定赔偿数额。

（四）构建知识产权侵权损害赔偿的证据规则

首先，权利人应当加强知识产权管理能力建设，注重提升证据固定和收集能力。注重通过侵权行为人的官方网站、网络销售信息、参展信息等渠道收集、固定侵权证据，掌握诸如向工商机关、税务机关、海关取证，签发律师调查令等多种取证渠道。当事人积极寻找好人提供证据应受到法院鼓励和支持，法院还应合理分配举证责任，完善证据保全。

其次，充分发挥专家辅助人的作用，适当减轻当事人的举证负担。积极鼓励、引导当事人委托审计、会计等专家辅助人，在法庭上对侵权行为人的行业利润、销售数量等进行说明和评价，② 确保法院客观公正地认定损害赔偿数额。法院应明确知识产权诉讼中证据

---

① 罗莉：《论惩罚性赔偿在知识产权法中的引进及实施》，《法学》2014年第4期。

② 徐春建、刘思彬、张学军：《知识产权损害赔偿的证据规则》，《人民司法》2012年第17期。

相互采信、司法鉴定效力和证明力的特殊认定问题，着力破解当事人举证难、司法认定难的问题。

最后，切实落实证据披露、排除证据妨碍等证据规则。知识产权侵权案件中，持有人应负责披露因一方当事人控制使另一方当事人难以获得的证据；持有人无正当理由妨碍或者抗拒开示证据，拒不提供或者提供虚假证据的，视为其持有不利于自己的证据，持有人若是此时拒绝提交该证据，则成立证据妨碍，持有人应承担相应的举证不能后果。修订后的《商标法》第 63 条第 2 款、法释〔2016〕1 号文件第 27 条也都规定了证据披露和证据妨碍排除规则。① 《专利法修订草案（送审稿）》《著作权法修订草案（送审稿）》也增加了同样的规定。但据课题组在中国裁判文书网检索的裁判文书显示，法院一般将损害及其大小的举证责任分配给权利人，只有少数法院根据上述规则责令由侵权行为人承担举证不能的不利后果的情况。② 为了强化证据开示、举证妨碍等证据规则在知识产权侵权中的制度功能，促使当事人协力举证，推动法院客观公正地认定损害事实和赔偿数额，应切实落实该规则，同时注意降低该规则对侵权行为人和法官的适用成本，保持知识产权法与民事诉讼法的协调统一。③

---

① 修订后的《商标法》第 63 条第 2 款、法释〔2016〕1 号文件第 27 条关于证据披露和证据妨碍排除规则主要内容为：在权利人已经尽力举证、提供了初步证据，而相关的账簿、资料主要由侵权人掌握的情况下，人民法院可以责令侵权人提供该账簿、资料；侵权人无正当理由拒不提供或者提供虚假证据的，人民法院可以根据权利人的主张和提供的证据判定赔偿数额。

② 广东省高级人民法院对专利侵权诉讼中的证据妨碍规则有较高的适用比例。例如，在广东省高级人民法院（2016）粤民终 1390 号民事判决书中明确提到："权利人已尽举证责任，提供了初步证据，侵权行为人拒不履行举证义务，理应承担不利的法律后果。"又如广东省高级人民法院（2014）粤高法民三终字第 1094 号民事判决书也明确了"双方当事人"就权利人的损失和行为人的获利和专利许可费的举证责任。

③ 刘晓：《证明妨碍规则在确定知识产权损害赔偿中的适用》，《知识产权》2017 年第 2 期。

四、充分发挥法院对保护知识产权的主导作用

三年来，北京、上海、广州知识产权法院初步探索出中国特色知识产权专门化审判道路，但同时也面临诸如受案数量增长过快、缺乏统一裁判标准、专业人才不足等问题，二审法院不统一，知识产权法院（法庭）的辐射面仍显狭窄。[①] 在知识产权专门化审判改革走向纵深方向的改革关键点，除"三合一"机制均衡发展的知识产权法院体系和案件管辖制度体系外，还应当从以下几方面继续发挥法院对保护知识产权的主导作用，着力提升知识产权司法保护水平：

第一，探索统一的知识产权法律适用标准。重点研究知识产权案件在审判实践中遇到的重难点问题，统一裁判理念和标尺。尝试构建具有中国特色的知识产权案例指导制度，构建指导性案例和参考性案例并存的知识产权案例体系，建立覆盖全国的知识产权案例数据库，为行业发展提供行为示范和有效指引。通过中国庭审公开网、中国审判流程信息网、中国裁判文书网等平台，进一步推行知识产权司法公开。

第二，确立技术事实查明机制的多元有机协调发展。健全技术调查官制度，[②] 强化法官在查明技术事实中的主导作用，明确技术调查官、技术咨询专家、技术鉴定人员等司法辅助人员协调参与技术事实调查的方式，形成技术调查与专家辅助、司法鉴定、专家咨询

---

① 周强：《健全中国特色知识产权审判体系　切实加强知识产权司法保护》，中国法院网，http：//www. chinacourt. org/article/detail/2017/08/id/2985046. shtml，2017 年 9 月 1 日访问。

② 宋晓明：《形势下我国的知识产权司法政策》，《人民法院报》2015 年 4 月 23 日第 5 版。

有效衔接、有机协调的多元化技术事实查明机制。[①]

第三，加强人才队伍建设。形成一支拥有国际视野、了解技术、能处理民事、行政和刑事合案审理的专业化法官队伍。加强知识产权法院（法庭）之间、上下级法院之间、法院与知识产权行政主管部门之间的沟通交流。继续深化国际交流，通过会议、论坛、培训、讲学等方式，走出去、引进来，帮助知识产权法官及时把握国际知识产权保护动态。

第四节　推动知识产权服务体系的法律制度建设

知识产权服务贯穿于知识产权创造、运用、保护和管理的所有阶段。[②] 发展知识产权服务业，能有效提高市场主体进行自主创新的效果和水准，是促进科技和经济紧密结合的重要抓手，是改善经济发展效益的重要举措。国知发规〔2012〕110 号文件明确提出要实施知识产权服务对接工程，为科技创新型中小微型企业提供全流程知识产权服务。川知发〔2015〕8 号文件也强调，引导知识产权服务支持中小微企业的发展。科技型小微企业受到自身发展局限，知识产权创造、运用、保护和管理能力建设都处于粗放状态，亟须专业服务机构为其提供全程服务。我省知识产权服务业仍处于发展初期，存在市场主体发育不健全、高端服务业态较少、缺乏知名品牌、

---

① 沈洋、李杰：《健全中国特色知识产权审判体系切实加强知识产权司法保护》，《中国审判》2017 年第 23 期。

② 刘菊芳、马斌：《我国急需加快培育知识产权服务业》，《中国发明与专利》2012 年第 5 期。

复合型人才不足等问题。[①] 再加上知识产权服务组织数量少、门槛高，科技型小微企业难以成为服务对象，其与大中型企业在知识产权能力上的差距更加明显。因此，明确知识产权服务机构的法律地位和职能，健全知识产权服务法律体系，厘清政府部门与知识产权服务机构的关系，是推动科技型小微企业知识产权能力建设的重要措施。

一、明确知识产权服务机构的法律性质

根据国知发规〔2012〕110号文件，知识产权服务业，是指提供知识产权"获权—用权—维权"相关服务及衍生服务，促进智力成果权利化、商用化、产业化的新型服务业，是现代服务业的重要内容，是高技术服务业发展的重点领域。

知识产权服务机构，是从事知识产权服务业，提供知识产权"获权—用权—维权"相关服务及衍生服务的机构。按照是否由政府主导设立、具有公益性为标准，知识产权服务机构可以分为公益性知识产权服务机构和营利性知识产权服务机构。公益性知识产权服务机构，以实现社会公共利益为目的，以知识产权群体为服务对象，主要提供知识产权展示交易、知宣传、咨询等公共服务，重点发挥鼓励和引导作用，如科技企业孵化器、知识产权信息服务平台等，多数为社会团体法人和事业单位法人。营利性知识产权服务机构，以某一个市场主体为服务对象，以营利为目的，主要提供诸如知识产权数据深加工、风险预警与应诉、知识产权价值评估和投融资服务高端知识产权服务，如知识产权代理机构、律师事务所等，

---

① 《关于加快培育和发展知识产权服务业的实施意见》（川知发〔2015〕8号）。

一般为合伙企业或者公司法人。①

按照知识产权服务领域划分，知识产权服务机构可以分为代理服务机构、法律服务机构、信息服务机构、商用化服务机构、咨询服务机构和培训服务机构几种类型。按照知识产权服务业产业链划分，知识产权服务机构可以分为获权服务机构、转化服务机构以及维权服务机构。②

二、认清知识产权服务机构的法律地位

切实发挥知识产权服务机构对市场主体科技创新的推动作用，应准确界定和正确处理知识产权服务机构与政府之间的关系。我国的知识产权服务机构仍带有明显的"政府化"倾向，各级政府挤占社会资源的配置。③ 知识产权服务机构的服务内容，既有公共服务，又有市场化服务。我国目前知识产权公益性服务存在政企不分，营利性和非营利性不分，服务产品内容单一、④ 有效供给不足等问题；而市场化服务规模小、层次低、功能弱，二者没有实现均衡协调发展。目前，政府部门仍是知识产权服务资源的掌控者。然而，政府部门主要提供的是公益性、群体性服务，这正是当今社会多样化需求无法得到满足的根本原因。而个性化、专业化、市场化、高附加值的商业化知识产权服务机构，因主体性质、发展规模，以及知识

---

① 丁宁：《知识产权维权援助公共服务体系建设的几点思考》，《科技创新与应用》2013 年第 6 期。

② 关永红、刘卓拉：《论知识产权服务业的行业范围与发展状况——以广东知识产权服务业发展为视角》，《广东外语外贸大学学报》2011 年第 3 期。

③ 安群、王学忠：《以自由构建中小企业知识产权服务制度》，《山东青年政治学院学报》2013 年第 3 期。

④ 杨红朝：《知识产权服务业培育视角下的知识产权服务体系发展研究》，《科技管理研究》2014 年第 8 期。

产权行政管理部门分散等主客观条件的限制，难以获得第一手的、全面的知识产权权利状态和权利变动信息、执法维权信息、中介服务信息、政策文件等知识产权基础数据信息资源。国知发规〔2012〕110 号文件指出，要改革知识产权领域事业单位体制并加快该项改革进展，支持知识产权公共服务机构进行企业化转制改革试点，明确到 2020 年，达成市场化服务与公共服务协调发展的目标。

本书认为，知识产权服务机构是科技创新主体与市场之间就知识产权"获权—用权—维权"事宜提供媒介的社会中介组织。我们应当准确定位知识产权服务机构的功能和法律地位，以营利性为标准。从实行营利性知识产权服务机构与非营利性知识产权服务机构分离着手，加强知识产权服务市场化服务，改革其服务机制①。在宏观上坚持政府的主导地位，在微观经济活动中减少政府因素，增加市场因素，增强市场自主性。

首先，知识产权公共服务应实行政企分开政策。政府应作为引导者发挥在资源配置中的引导作用，让市场这只"看不见的手"发挥其在资源配置中的基础作用，使我国的知识产权服务向着合理的方向发展。支持有条件的知识产权公共服务机构进行企业化改制。加大政府采购知识产权公共服务力度，实行公共服务供给的政府、社会合作制，将市场引进公共服务领域，引导多元化知识产权服务支持科技型小微企业发展。

其次，整合并开放共享知识产权基础信息资源。扩大知识产权基础信息资源的开放力度和范围，进而降低机构获取该类信息所需成本，实现市场服务供给能力提升的目标。鼓励市场主体投资开发

---

① 解丽娜：《市场主导集聚发展突出重点》，《青海日报》，2015 年 2 月 1 日，第 1 版。

利用增值性知识产权信息，鼓励知识产权信息服务机构建立形成具有自身特色的自主品牌。[①]

最后，充分发挥行业协会（联盟）联系政府和创新主体的桥梁和纽带作用，实现政会分开。行业协会（联盟）在行业自律、标准制定、产品推广等方面所起的作用不可替代。国办发〔2007〕36 号文件秉持政会分开的精神，要求政府将适合行业协会行使的职能转移或委托给行业协会。同时，要求行业协会提升自身工作的独立性和规范化，解决行政化倾向和依赖政府等问题。

三、完善知识产权服务的法律规则

我国现有的规范知识产权服务体系的法律规范主要是原则性规定，更多体现实时性、操作性的细则散见于国家和地方的政策中。有必要从以下几方面优化知识产权服务的法律制度环境，形成有利于科技创新和产业发展的知识产权服务法律制度体系。

（一）制定统一的知识产权服务业管理办法和配套规范

目前我国有关知识产权服务的法律规范主要有《专利法》《商标法》《著作权法》等知识产权基本法律，以及《专利代理条例》《专利代理管理办法》等专门法律法规和《专利代理职业道德和执业纪律规范》《专利代理服务指导标准（试行）》等行业规范，但有关商标代理、知识产权咨询和培训服务等还缺乏专门的法律规范对专利代理机构、律师事务所之外的其他知识产权服务机构的行为规范和服务要求、从业人员、法律责任等进行调整。

有必要制定统一的《知识产权服务业管理办法》，作为知识产

---

① 刘菊芳：《发展知识产权服务业的关键问题与政策研究》，《知识产权》2012 年第 5 期。

权服务机构的基本规范，助力知识产权服务业又好又快地发展。第一，规定知识产权服务机构的设立条件、程序和业务范围。第二，明确知识产权服务业的人员从业资格和考核制度。建立知识产权服务人才职业资格制度和职称评聘制度。专利代理人继续采取资格考试制度，以职业能力认证制度设置知识产权评估师门槛，以专业技术职务任职资格评审制度框定从事知识产权专业技术人员。[①] 建立从业人员档案库，规定从业人员年度考核制度，建立职业道德评价体系。第三，规定知识产权服务机构的权利、义务和责任，明确违法行为的种类与处罚措施。从事知识产权服务活动应签订书面的知识产权服务合同和保密协议。

为适应知识产权服务的现代发展趋势，应针对不同知识产权服务类型和领域，制定作为《知识产权服务业管理办法》配套规范的针对性知识产权服务法律制度。第一，在知识产权信息服务领域，立法应明确知识产权信息服务机构的设立、从业人员、服务质量标准、保密义务和信息网络安全义务和责任、成果归属等。第二，在知识产权商用化服务领域，立法应明确知识产权价值评估、知识产权转化、投融资的具体细则。例如，知识产权价值评估制度应当包括知识产权评估机构的设立、评估人员的从业资格、评估指标、评估流程、评估效力、保密义务和责任等内容。第三，在知识产权咨询服务板块，应以立法的形式明定知识产权咨询人员从业资格、业务流程等内容。第四，知识产权培训服务领域，立法应明确知识产权培训服务机构的设立、培训人员的从业资格、培训内容的分类分级、培训服务质量评价指标等内容。

---

① 刘彬：《关于建立和完善国家知识产权专业技术人员评价体系的思考》，《知识产权》2013 年第 12 期。

（二）构建知识产权服务标准规范体系

服务的无形性特征注定了其质量评价的独特性。对于服务质量的评价，不仅在于结果，更重在服务提供的全过程，体现了服务提供者和客户之间的双向互动关系。目前，服务层次低、效率低、运作不规范等依旧是我国发展知识产权服务业的瓶颈。产生这些问题的根本原因在于我们缺乏统一的知识产权服务标准，服务提供过程和效用评价的规范化、体系化还未有效形成。建设知识产权服务标准体系对规范知识产权服务全过程、提升服务能力和水平、提升服务品质、营造市场环境等都具有重要作用。[①] 应确立知识产权服务标准规范体系及知识产权服务的质量和效率，为科技创新活动提供持续动力支撑。

我们应在深入分析研究知识产权服务领域国家标准、行业标准，以及地方标准的现状和问题的基础上，区分公共服务和市场服务，以科学性、系统性和协调性为目标，首先制定涵盖知识产权服务术语、服务指南、服务分类和行为规范四个基本方面的《知识产权服务业通用基础标准》，并出台包含服务合同、服务质量、服务质量测评等内容的《知识产权服务业务支撑标准》；其次制定《知识产权代理服务标准》《知识产权法律服务标准》《知识产权信息服务标准》等知识产权服务重点发展领域的具体标准，构建我国知识产权服务业标准规范体系。

知识产权局、国家标准委、工商总局、版权局联合出台的国知发规字〔2014〕74 号文件提出，到 2017 年初步建立知识产权服务标准体系的目标，要求实现知识产权服务在标准化意识和规范化意

---

① 杨宇、马铭泽：《我国知识产权服务业重点领域发展情况综述》，《中国发明与专利》2015 年第 8 期。

识上的显著增强。知识产权服务标准体系在 2020 年时将得到基本完善，实现政府和市场的知识产权服务标准协同发展。考虑到时间节点，我们可以首先制定一批重要的、适用频率高的标准规范，紧贴经济社会发展战略任务和重大需求。例如《知识产权服务通用术语标准》，以统一规范知识产权服务通用术语和缩略语；《专利信息检索服务规范》《专利信息分析服务规范》，以规范专利信息检索、分析服务的水平、流程、质量、运行管理、服务评价与改进等知识产权信息服务行为；《专利分析评议服务规范》，以规范开展专利分析评议服务的有关模块、流程等内容。

（三）完善知识产权服务机构的监督和评价制度体系

第一，健全对知识产权服务机构及其从业人员的执业监督与管理制度。

一方面，四川全省各级地方政府和知识产权行政管理部门应当从服务项目、服务收费和服务质量等方面，重点强化对知识产权服务机构及其从业人员的执业监督和管理。厘清知识产权服务的公益性和营利性的关系，明确服务项目和收费标准，严禁将中介服务异化为变相审批，变无偿服务项目为有偿服务项目，严禁服务机构与政府职能部门利益挂钩，引导服务机构简化工作流程，加强服务过程管理和服务成果评价。

另一方面，除了国家知识产权局和省级知识产权行政管理部门按照《专利代理管理办法》对专利代理机构予以监管外，四川全省各地方知识产权行政管理部门可以对知识产权服务机构实行登记备案管理制度，对机构信息、人员信息和信用信息分别予以备案。在机构信息方面，除了基本工商登记信息外，应备案知识产权服务机构的营收情况、业务经营、办公条件改善等上年度工作情况；人员信息应备案从业人员的专业职务资格，例如执业专利代理人、律师、评估师等需登记执业证号、执业起始时间、资格证号及取得时间、代理专业领域、从事工作内容等信息。信用信息包括良好信用记录和不良信用记录。良好信用记录包括机构及其执业资格人员受到县级以上管理机关的各类表彰、评先评优、年检合格等；不良信用记录包括机构及其执业资格人员在执业过程中引发的滥用代理权的行为，如侵权行为、自己代理、恶意串通等，可归责的涉诉案件及判决结果，超越经营范围，私设分支机构，出具虚假的报告或者证明，采取不正当竞争手段招揽业务，以及其他违法或者违背职业道德需要记录的不良行为。不良行为信息可通过机构自己填报，也可通过社会举报并核实、行政主管部门调查等渠道获得。知识产权服务机构满足以下条件视为备案合格：有固定办公场所和必备的办公设备；至少有 1 名具备专业资格的工作人员；服务机构服务信誉良好（当年无不良信用记录）。各地知识产权行政管理部门应当定期向社会公布知识产权服务机构的年度良好信用记录和累计超过 3 次的不良信用记录。年度不良信用记录超过 3 次或者隐瞒不良信用记录行为超过 2 次的将撤销备案，并依法采取其他处罚措施。

第二，建立健全知识产权服务机构内部管理制度。四川知识产权行政管理部门应当引导知识产权服务机构建立健全内部管理制度。营利性知识产权服务机构应当建立现代企业制度，根据服务领域和行业特点，制定业务流程、人员考核机制和质量管理制度，明确机构内部各岗位的职责，形成各岗位之间的监督约束机制。

第三，建立知识产权服务机构分级评价制度，完善信用评价、失信惩戒和诚信公示等制度规则。

四川应建立知识产权服务机构评价体系，制定服务机构星级评定办法并开展知识产权服务绩效评价。其一，探索构建知识产权服务业统计机制。明确知识产权服务业的统计对象和范围，规范其统计口径和内容。并完善其统计监测制度，及时掌握全省知识产权服务业发展规模、结构、效益等基本情况，针对新情况、新问题、新变化，及时调整政策。建立健全知识产权服务业发展信息发布机制。其二，构建知识产权服务机构评价体系，出台《四川省知识产权服务机构星级评定办法》，开展知识产权服务机构星级评定工作，建立绩效评价机制和奖励机制，定期向社会公布评价结果。

在全省范围内推行知识产权服务质量管理标准体系，建立服务机构信用档案。大力建设并统一四川省知识产权服务标准体系，用以提升全省知识产权服务行为水平。对四川知识产权服务机构及其从业人员建立信用信息档案，向社会全面公示知识产权服务机构的基本信息、执业记录，包括机构信誉、公众口碑、行业协会监管、保护顾客信息等方面，强化服务机构的信用监管，扩大社会监督，引导服务机构自觉规范服务活动，提升服务质量和信誉。将信用档案的信用信息纳入知识产权服务机构星级评定指标体系，完善对服务机构和从业人员的信用评价。按照前述知识产权服务机构登记备案的要求，将信用信息分为良好信用信息和不良信用信息，强化对知识产权服务机构的各种违法或者违反职业道德的失信行为的惩戒措施和惩戒力度，增加服务机构的失信成本，促进服务机构诚信经营和公平竞争。

第五节　小结

知识产权制度既是私法制度的组成成分，也是公共政策的重要内容，其具有的加速社会发展、推动科技创新的作用有赖于完善地立法和制度的合理运用。① 四川科技型小微企业知识产权能力建设，不仅需要政策引导，从企业能动、政府推动、社会联动三个维度，以企业运作、政策保障和社会服务为三个着力点，完善激励机制和保障措施，形成"三向合一"的运行机制，更需要从国家和地方立法层面提供顶层的制度供给和规范依据。

其一，完善科技保险法律制度，明确其商业保险和社会保险的双重法律属性，丰富适合于四川科技型小微企业实际的科技保险险种，着力加强信用保证保险和专利保险制度建设，注重理顺保险公司和银行的关系，将科技保险作为助推企业创新的重要科技金融手段，降低或分散科技型小微企业在科研、技术交易、成果转化、技术产品生产与销售、融资、知识产权管理与保护等环节中的风险。

其二，为着力突破科技型小微企业资金需求空间大、资金渠道不畅的创新障碍，应当在修改《物权法》《担保法》有关知识产权质押的基本规定的同时，构建统一的知识产权登记制度，特别是要注重知识产权价值评估体系建设，切实解决四川科技型小微企业在利用技术创新成果质押贷款、参资入股、增资扩股、转让和许可使

① 吴汉东：《中国知识产权法制建设的评价与反思》，《中国法学》2009 年第 1 期。

用以及权利救济等方面存在的问题，从整体上提升四川科技型小微企业知识产权的创造、运用和保护能力。

其三，认清知识产权司法保护对科技型小微企业的重要意义，应对科技型小微企业基于维权成本不足、风险控制能力弱等主客观因素决定的强于大中型企业的知识产权司法保护需求。在明确司法保护知识产权相较于行政保护的客观优势及其法理基础的同时，在四川积极推动知识产权综合管理体制机制改革。加快解决知识产权司法保护和行政保护"双轨制"实际运行中存在的问题，赋予知识产权法院（法庭）对专利和注册商标效力的审查权，处理好不同法院、法院和相关行政管理部门之间的关系。重点解决侵权成本低、维权成本高的问题，提高法定赔偿标准，确立惩罚性赔偿制度，完善知识产权侵权损害赔偿的证据规则。

其四，充分发挥知识产权服务机构在四川科技型小微企业科技创新服务网络中的桥梁地位，明确其社会中介组织的法律地位，区分公益性和营利性机构，制定统一的知识产权服务业管理办法和配套规范，构建知识产权服务标准规范体系和服务评价制度体系，强化服务监督和失信惩戒，引导面向四川科技型小微企业的知识产权代理、信息检索、价值评估、投融资、托管、决策咨询、教育培训等专业服务机构的良性发展，推动服务机构运营模式的规范化、专业化和国际化水平。

附　　录

本书引用的法律法规和规范性文件一览表①

一、法律

1. 《中华人民共和国专利法》

2. 《中华人民共和国商标法》

3. 《中华人民共和国著作权法》

4. 《中华人民共和国物权法》

5. 《中华人民共和国担保法》

6. 《中华人民共和国科学技术进步法》

7. 《中华人民共和国中小企业促进法》

8. 《中华人民共和国保险法》

9. 《中华人民共和国公司法》

10. 《中华人民共和国反不正当竞争法》

---

① 因《国家统计局关于印发统计上大中小微型企业划分办法的通知》（国统字〔2011〕75 号）和《中国保险监督管理委员会关于加强和改善对高新技术企业保险服务有关问题的通知》（保监发〔2006〕129 号）均已失效，故不予列出。

11. 《中华人民共和国中小企业促进法》

12. 《中华人民共和国促进科技成果转化法》

13. 《中华人民共和国资产评估法》

二、行政法规

1. 《中华人民共和国知识产权海关保护条例》

2. 《中华人民共和国植物新品种保护条例》

3. 《专利代理条例》

三、部门规章

1. 《国有资产评估管理办法》

2. 《专利代理管理办法》

3. 《专利权质押登记办法》

4. 《著作权质权登记办法》

四、最高人民法院的司法解释和规范性文件

1. 《最高人民法院关于审理涉及计算机网络著作权纠纷案件适用法律若干问题的解释》（法释〔2004〕1号）

2. 《最高人民法院关于修改〈最高人民法院关于审理专利纠纷案件适用法律问题的若干规定〉的决定》（法释〔2015〕4号）

3. 《最高人民法院关于审理侵犯专利权纠纷案件应用法律若干问题的解释（二）》（法释〔2016〕1号）

4. 《最高人民法院关于印发〈中国知识产权司法保护纲要（2016－2020）〉的通知》（法发〔2017〕13号）

五、国务院及其各部门的规范性文件

1. 《国务院办公厅关于加快推进行业协会商会改革和发展的若干意见》（国办发〔2007〕36 号）

2. 《国务院关于印发国家知识产权战略纲要的通知》（国发〔2008〕18 号）

3. 《国务院办公厅关于金融支持小微企业发展的实施意见》（国办发〔2013〕87 号）

4. 《国务院办公厅关于转发知识产权局等单位深入实施国家知识产权战略行动计划（2014—2020 年）的通知》（国办发〔2014〕64 号）

5. 《中共中央、国务院关于深化体制机制改革加快实施创新驱动发展战略的若干意见》（中发〔2015〕8 号）

6. 《国务院关于新形势下加快知识产权强国建设的若干意见》（国发〔2015〕71 号）

7. 《国务院办公厅关于印发 2016 年全国打击侵犯知识产权和制售假冒伪劣商品工作要点的通知》（国办发〔2016〕25 号）

8. 《知识产权综合管理改革试点总体方案》（国办发〔2016〕106 号）

9. 《国务院关于新形势下加强打击侵犯知识产权和制售假冒伪劣商品工作的意见》（国发〔2017〕14 号）

10. 《国务院关于强化实施创新驱动发展战略进一步推进大众创业万众创新深入发展的意见》（国发〔2017〕37 号）

11. 《注册商标专用权质权登记程序规定》（工商标字〔2009〕182 号）

12.《中国保险监督管理委员会、科学技术部关于进一步做好科技保险有关工作的通知》（保监发〔2010〕31号）

13.《财政部、工业和信息化部、银监会等关于加强知识产权质押融资与评估管理支持中小企业发展的通知》（财企〔2010〕199号）

14.《中小企业划型标准规定》（工信部联企业〔2011〕300号）

15.《关于加快培育和发展知识产权服务业的指导意见》（国知发规〔2012〕110号）

16.《中国银行业监督管理委员会河北监管局关于深化小微企业金融服务工作的意见》（银监冀局〔2013〕124号）

17.《关于知识产权服务标准体系建设的指导意见》（国知发规字〔2014〕74号）

18.《关于知识产权支持小微企业发展的若干意见》（国知发管字〔2014〕57号）

19.《关于进一步促进科技型中小企业创新发展的若干意见》（国科发高〔2015〕3号）

20.《关于全面推行〈企业知识产权管理规范〉国家标准的指导意见》（国知发管字〔2015〕44号）

21.《高新技术企业认定管理办法》（国科发火〔2016〕32号）

22.《国务院知识产权战略实施工作部际联席会议办公室关于印发〈2017年深入实施国家知识产权战略加快建设知识产权强国推进计划〉的通知》（国知战联办〔2017〕12号）

23.《科技部 财政部 国家税务总局关于印发〈科技型中小企业评价办法〉的通知》（国科发政〔2017〕115号）

24.《工业和信息化部办公厅关于做好 2017—2018 年度中小企业经营管理领军人才培训工作的通知》（工信厅企业函〔2017〕376号）

六、行业标准和行业规范

1. 中华全国专利代理人协会《专利代理服务指导标准（试行）》（2009 年 8 月 20 日）

2. 中华全国专利代理人协会《专利代理职业道德和执业纪律规范》（2017 年 4 月 26 日）

3.《著作权资产评估指导意见》（中评协〔2010〕215 号）

4.《商标资产评估指导意见》（中评协〔2011〕228 号）

5.《专利资产评估指导意见》（中评协〔2017〕49 号）

七、地方性法规

1.《江苏省企业技术进步条例》

2.《陕西省科学技术进步条例》

八、地方规范性文件

1.《四川省人民政府办公厅关于金融支持小微企业发展的若干意见》（川办发〔2013〕71 号）

2.《关于加快培育和发展知识产权服务业的实施意见》（川知发〔2015〕8 号）

3.《四川省人民政府关于进一步促进融资性担保行业健康发展更好服务小微企业和"三农"的意见》（川府发〔2015〕17 号）

4.《四川省人民政府关于全面推进大众创业、万众创新的意见》

（川府发〔2015〕27号）

5.《四川省经济和信息化委员会关于做好中小微企业运行监测工作的通知》（川经信创服函〔2011〕173号）

6.《四川省人民政府办公厅关于成立四川省促进中小企业和小微企业发展工作领导小组的通知》（川办函〔2012〕15号）

7.《四川省人民政府办公厅关于印发四川省五大新兴先导型服务业发展工作推进方案的通知》（川办发〔2014〕90号）

8.《关于印发〈四川省小微企业创新创业三年行动计划（2015—2017）〉的通知》（川经信创服〔2015〕247号）

9.《四川省国家税务局、四川省地方税务局关于深入开展"银税互动"助力小微企业发展的公告》（四川省国家税务局、四川省地方税务局公告2015年第8号）

10.《四川省经济和信息化委员会办公室关于征集"四川省中小微企业创新创业服务联盟"会员单位的通知》（川经信办创服函〔2016〕120号）

11.《四川省经济和信息化委员会、四川省中小企业局关于印发〈2016年推进中小企业加快发展重点工作〉的通知》（川经信企业〔2016〕145号）

12.《达州市人民政府办公室关于推进普惠金融发展的实施意见》（达市府办〔2017〕47号）

13.《上海市科学技术委员会、上海市财政局、上海市国家税务局、上海市地方税务局关于印发〈上海市科技型中小企业评价标准工作指引〉的通知（沪科合〔2016〕9号）

14.《江西省科技型中小微企业标准和认定管理办法（试行）》（赣科发计字〔2016〕44号）

15.《江苏省财政厅、江苏省国家税务局、江苏省地方税务局关于公布对小微企业减免部分政府性基金的通知》（苏财综〔2015〕2号）

16.《江苏省人民政府关于降低实体经济企业成本的意见》（苏政发〔2016〕26号）

17.《江苏省政府办公厅转发省金融办等部门关于建立小微企业转贷基金指导意见的通知》（苏政办发〔2016〕100号）

18.《江苏省政府办公厅关于推动实体零售创新转型的实施意见》（苏政办发〔2017〕70号）

19.《江苏省经济和信息化委员会关于开展2015年扶助小微企业专项行动的通知》（苏中小综合〔2015〕137号）

20.《江苏省政府办公厅关于学习推广常熟市、海安县科技创新体制综合改革试点经验的通知》（苏政办发〔2017〕50号）

21.《南京市政府关于加快构建大众创业万众创新支撑平台的实施意见》（宁政发〔2016〕94号）

22.《南京市政府办公厅关于印发南京市推进"中国制造2025"苏南城市群试点示范建设行动计划（2017—2019）的通知》（宁政办发〔2017〕88号）

23.《南通市政府办公室关于印发长江三角洲城市群发展规划南通行动计划（2017—2018年）的通知》（通政办发〔2017〕23号）

24.《淮安市政府关于印发淮安市人民政府2017年深化重点领域改革工作意见的通知》（淮政发〔2017〕60号）

25.《常州市政府办公室关于印发2017年常州苏南国家自主创新示范区建设工作要点的通知》（常政办发〔2017〕64号）

26.《广东省高级人民法院关于为中小微企业融资提供司法保障

的通知》

27. 《广东省人民政府关于支持中小微企业融资的若干意见》（粤府〔2012〕17号）

28. 《广东省人力资源和社会保障厅、广东省财政厅、广东省地方税务局、广东省经济和信息化委关于贯彻落实省政府2012年扶持中小微企业发展若干政策措施的通知》

29. 《广东省人民政府办公厅关于印发广东省中小微企业综合服务体系建设工作分工方案的通知》（粤办函〔2012〕624号）

30. 《广东省财政厅、广东省经济和信息化委员会关于印发〈广东省省级扶持中小微企业资金管理办法〉的通知》（粤财工〔2015〕402号）

31. 《广东省司法厅、广东省经济和信息化委员会、广东省财政厅关于加快推进省财政新增扶持中小微企业资金（司法救助专题）法律服务费用支持专项工作的通知》（粤司〔2016〕409号）

32. 《广东省经济和信息化委员会、广东省财政厅关于开展中小微企业服务券试点工作的通知》（粤经信服务〔2017〕66号）

33. 《广东省经济和信息化委员会、广东省财政厅关于下达2017年省级工业和信息化专项资金（支持中小微企业发展）项目计划的通知》（粤经信技术〔2017〕70号）

34. 《广东省经济和信息化委员会、中国人民银行广州分行、广东省财政厅关于下达2017年省级工业和信息化专项资金支持中小微企业发展（小额票据贴现中心）项目计划的通知》（粤经信技术〔2017〕76号）

35. 《山东省人民政府办公厅关于扶持新注册小微企业发展的意见》（鲁政办发〔2015〕43号）

36.《山东省人民政府办公厅关于加快全省农业科技园区体系建设的实施意见》（鲁政办字〔2017〕47号）

37.《山东省质量技术监督局关于进一步支持小微企业健康发展的意见》（鲁质监法发〔2015〕49号）

38.《山东省科学技术厅关于公布山东省科技型中小微企业信息库2017年度第一批入库企业的通知》

39.《河北省财政银行保险合作支持小微企业和农业企业实施办法》（冀财金〔2015〕30号）

40.《河北省科技型中小企业贷款风险补偿实施细则（试行）》（冀科计〔2016〕13号）

41.《河北省人民政府关于支持企业技术创新的指导意见》（冀政字〔2016〕29号）

42.《河北省人民政府办公厅关于建立政银保合作模式促进小微企业融资发展的意见》（冀政办字〔2016〕187号）

43.《河北省工业和信息化厅关于转发融资性担保业务监管部际联席会议关于促进融资性担保机构服务小微企业和"三农"发展的指导意见的通知》（冀工信融〔2014〕420号）

44.《河北省小微企业降费工作方案》（冀减负〔2015〕1号）

45.《河北省工业和信息化厅关于印发〈开展"百千万"技术支持小微企业转型升级活动方案〉的通知》（冀工信产业〔2015〕115号）

46.《河北省人民政府办公厅关于印发河北省战略性新兴产业发展"十三五"规划的通知》（冀政办字〔2016〕146号）

47.《河北省知识产权局关于印发〈河北省中小微企业知识产权战略推进工程实施方案〉的通知》

48. 《邯郸市人民政府办公厅转发关于扶持高层次创新团队实施细则（试行）等文件的通知》（邯政办字〔2016〕142 号）

49. 《石家庄市人民政府关于支持企业技术创新的实施意见》（石政发〔2017〕12 号）

50. 《陕西省人民政府关于进一步促进金融业发展改革的意见》（陕政发〔2012〕43 号）

51. 《陕西省发展和改革委员会关于支持小微企业融资的实施意见》（陕发改财金〔2013〕1435 号）

52. 《西安市人民政府关于进一步做好新形势下就业创业工作的实施意见》（市政发〔2015〕29 号）

53. 《陕西省人民政府关于创新重点领域投融资机制鼓励社会资本投资的实施意见》（陕政发〔2015〕42 号）

54. 《陕西省人民政府关于促进民营经济加快发展的若干意见》（陕政发〔2016〕45 号）

55. 《陕西银监局关于进一步加强金融支持小微企业健康发展的实施意见》

56. 《陕西省人民政府关于印发〈陕西省推进普惠金融发展规划（2016—2020 年）实施方案〉的通知》（陕政发〔2017〕4 号）

57. 《陕西省人民政府办公厅关于印发进一步做好新形势下就业创业工作重点任务分工方案的通知》（陕政办函〔2015〕165 号）

58. 《西安市人民政府办公厅转发市财政局关于全面推进小微企业创业创新基地城市示范支持政策的通知》（市政办发〔2016〕104 号）

59. 《重庆市地方税务局转发财政部、国家税务总局关于进一步支持小微企业增值税和营业税政策的通知》（渝地税发〔2014〕168

号）

60.《重庆市人民政府办公厅关于进一步贯彻落实小微企业扶持政策的通知》（渝府办发〔2015〕44号）

61.《重庆市知识产权局关于知识产权支持小微企业发展的通知》（渝知发〔2015〕50号）

62.《重庆市人民政府关于做好新形势下就业创业工作的实施意见》（渝府发〔2015〕52号）

63.《重庆市人民政府办公厅关于印发重庆市深入实施创新驱动发展战略工作方案的通知》（渝府办发〔2016〕25号）

64.《重庆市人民政府办公厅关于加快构建大众创业万众创新支撑平台的实施意见》（渝府办发〔2016〕163号）

65.《重庆市人民政府办公厅关于贯彻落实国务院降低实体经济企业成本工作方案任务分工的通知》（渝府办发〔2016〕242号）

66.《重庆市人民政府办公厅关于支持返乡下乡人员创业创新促进农村一二三产业融合发展的实施意见》（渝府办发〔2017〕70号）

67.《重庆市中小企业局、重庆市财政局关于做好2014年中小微企业流动资金贷款担保费补贴项目申报工作的通知》

68.《重庆市人民政府关于印发重庆市完善小微企业扶持机制实施方案的通知》（渝府发〔2014〕36号）

69.《重庆市人民政府关于印发重庆市促进融资担保行业加快发展实施方案的通知》（渝府发〔2016〕15号）

70.《重庆市科学技术委员会关于升级培育众创空间服务实体经济转型发展的实施意见》（渝科委发〔2016〕133号）

九、外国法

1.《美国版权法》

2. 《美国商标法》

3. 《美国专利法》

4. 《美国反不正当竞争法》

5. 《日本专利法》

6. 《日本外观设计法》

7. 《日本商标法》

8. 《日本版权法》

9. 《日本商法》

10. 《日本实用新型法》

11. 《日本不正当竞争防止法》

12. 《日本禁止独占法》

13. 《日本中小企业基本法》

14. 《日本中小企业支援法》

15. 《日本中小企业融资畅通法》

16. 《日本中小企业信用保险法》

17. 《日本中小企业经营力强化支援法》

18. 《日本中小企业金融公库法》

19. 《韩国专利法》

20. 《韩国外观设计法》

21. 《韩国商标法》

22. 《韩国实用新型法》

23. 《韩国版权法》

24. 《韩国计算机程序保护法》

25. 《韩国半导体电路设计法》

26. 《韩国海关法》

27. 《韩国不正当竞争防止与商业秘密保护法》

28. 《德国实用新型专利法》

29. 《德国专利法》

30. 《德国商标法》

31. 《德国雇员发明法》

32. 《德国外观设计法》

后　　记

　　本书由唐仪萱和聂亚平合著完成。唐仪萱完成第一、三、四、六章，并统稿、定稿。聂亚平完成第二、五章。

　　课题组成员还有：四川师范大学法学院王化老师、四川大学法学院钟莲副教授、四川师范大学法学院熊胤老师、北京大学法学院博士研究生潘程、成都市科技局（知识产权局）田竞和成都市经信委（中小企业局）胡茂珩。感谢每一位成员对课题工作的辛勤付出。

　　中南财经政法大学法学院张家勇教授在书稿论证中提出了宝贵意见，谨致谢意。

　　感谢四川师范大学的领导和同事对本书出版的大力支持。

　　本书写作正值孕晚期，感谢家人对我的全方位支持。感谢平安出生并健康成长的儿子，你的乖巧配合让妈妈顺利地完成了本书课题。

唐仪萱

2019 年 8 月 30 日于成都